AF232652

DE LA FRANCE,

RELATIVEMENT

A L'ANGLETERRE

ET A LA

MAISON D'AUTRICHE.

Par J. A. MOURGUE.

Prix, 24 sous, et 32 sous pour les Départ.

A PARIS,

Chez DESENNE, Palais Egalité, Nos. 1 et 2.

An VI. 1797.

DE LA FRANCE,

RELATIVEMENT
A L'ANGLETERRE
ET A LA MAISON D'AUTRICHE.

LES efforts combinés des nombreux ennemis de la révolution ont fait connoître à la nation française, quel pouvoit être le développement de ses forces et de quelle influence elle pouvoit être dans la balance qui s'est formée parmi les puissances de l'Europe.

Resserrée par les vues étroites d'une cour qui ne voyoit jamais qu'elle, qui étoit mue par les passions de ses principaux agens, qui prenoit ses petites intrigues pour des affaires d'Etat, la force nationale n'avoit jamais été mise en action avec cette masse d'intérêt, avec cette volonté générale qui fait porter tous les moyens vers un même but : les effets de cette force nationale n'étoient pas même imaginés. De-là, la surprise extrême et des Français et de leurs ennemis aux premiers mais grands et terribles effets de l'esprit public porté vers un même but, animé par un même sentiment.

La postérité parlera avec autant d'admiration que d'étonnement de ces effets prodigieux, et tout bon

A 2

Français doit espérer que la grandeur d'ame que la masse de la nation a développée ; que sa constance ; que son amour pour la liberté ; que ses efforts non-seulement pour résister à tant d'ennemis, mais même pour les vaincre, feront oublier les horreurs commises sous l'administration usurpée par des hommes affreux, qui, sans aucune idée des principes d'un bon gouvernement, se sont livrés à leurs passions atroces, n'ont connu d'autre mobile que la terreur, et ont outre-passé toutes les bornes prescrites par le vœu national et par la morale.

Avec la connoissance de ses forces et de ses moyens, la nation française en a acquis une autre non moins essentielle, celle de ses vrais, de ses seuls redoutables rivaux et ennemis.

La plus légère observation sur la coalition des puissances qui ont voulu s'opposer aux efforts de la nation française pour parvenir à sa liberté, fera connoître ou le foible motif ou les foibles moyens des membres de cette coalition.

L'Espagne a développé son impuissance pécuniaire et militaire. La Prusse a bientôt vu que la passion de son souverain l'entraînoit dans des mesures absolument contraires à ses vrais intérêts. Le corps Germanique a fait voir, dès les premiers pas, son impuissance pour soutenir des prétentions et une guerre qui ne pouvoient procurer aucun avantage réel à aucun de ses membres ; qui auroit pu même lui devenir funeste, si elle avoit tourné à l'avantage de la maison d'Autriche autant que les premières conjectures avoient pu le lui faire espérer. Le roi de Naples a donné la mesure de sa nullité. La Hollande celle de son dénuement. La cour de Piémont s'est mise, contre ses intérêts, sous la dépendance de la maison d'Autriche. Le Portugal a donné une nouvelle preuve de sa soumission au ministère Anglais. La Russie a joué la coalition en s'enveloppant du machiavélisme qui cache des projets et une ambition qui ne peuvent avoir leur effet que par la foiblesse ou la division des autres puissances de l'Europe.

Ces événemens, leurs causes, leurs effets sont trop connus pour que je m'arrête à prolonger l'esquisse d'un grand tableau que l'histoire saura bien placer sous son vrai jour. Mais ces événemens, leurs causes et leurs effets nous montrent évidemment deux ennemis enracinés que la France ne doit jamais perdre de vue, parce que, quels que puissent être les changemens que la force ou la politique opéreront en Europe, elle ne parviendra jamais à en faire des alliés sincères ou des amis même simulés. Ces ennemis sont la nation anglaise et la maison d'Autriche.

Ces deux puissances seules ont excité le reste de l'Europe. Les divers événemens qui se sont succédés ont dû nous indiquer que c'est vers elles seules que doivent tendre tous les efforts d'action et de réaction des forces et de l'industrie françaises.

Affoiblies ou comprimées, l'Europe pourra jouir d'une paix longue et assurée, qui lui permettra de réparer les pertes et les malheurs sous lesquels elle gémit depuis des siècles. Il n'y a que la France qui puisse opérer efficacement pour cette compression, pour cet affoiblissement de ces deux puissances ambitieuses.

Mais pour y parvenir, il faut que le gouvernement français se forme un plan méthodique ; qu'il le suive aussi exactement qu'il sera possible ; qu'il ne se laisse point entraîner à diviser ses forces et ses moyens ; qu'il prenne enfin cette attitude de grandeur et de fermeté soutenues, qu'on n'a jamais vu dans la politique des cabinets des rois qui ont gouverné la France pendant quatorze siècles.

La politique soutenue et combinée de la maison d'Autriche, celle des Anglais, doivent servir d'exemple constant au gouvernement de la république française.

Depuis Rodolphe de Habsbourg, la maison d'Autriche n'a jamais perdu de vue son agrandissement. Elle a tiré parti des mariages ; des alliances qu'elle a contractées ; des divisions de ses voisins ; elle a employé tous les moyens, et l'histoire lui en reproche même de tels, qu'elle n'auroit pas dû moralement se permettre. Ce qu'il y a de remarquable, ce qui même est un phénomène historique, c'est qu'elle a toujours gagné quelque chose, même dans les positions qui devoient le plus lui être contraires :

comme par exemple, au traité de Teschen, en 1779, qui mit fin à cette courte guerre que l'ambition de la maison d'Autriche occasionna par sa prétention sur la Bavière.

Il est encore une observation singulière autant qu'utile à faire sur l'agrandissement progressif de la maison d'Autriche. On seroit tenté de croire qu'il ne pourroit être que l'effet et la preuve de l'esprit , de la sagesse, des lumières des souverains de cette maison. Mais on est bien surpris, en lisant l'histoire , de voir combien peu d'hommes de génie il y a eu parmi les souverains de la maison d'Autriche ; combien il y en a eu de foibles , de nuls ; combien l'esprit de fanatisme a dominé chez eux.

L'observation de cette vérité doit être une preuve démonstrative de l'utilité, pour les nations comme pour les particuliers, de ne se conduire jamais sans plan, et d'avoir toujours un but déterminé vers lequel toutes les actions, toutes les forces doivent se diriger.

Cette observation indique la cause de la différence surprenante qu'il y a eu entre les rois de France et les souverains de la maison d'Autriche. Avec des moyens infinimens plus puissans , les premiers n'ont jamais eu que des malheurs à réparer : tandis que les derniers sont toujours sortis avec avantage des positions qui paroissoient les plus désespérées. C'est que les uns avoient toujours en vue un plan et des objets déterminés ; tandis que les autres se conduisoient au gré des événemens, sans songer à les diriger ou à en tirer parti.

Avec des moyens différens l'Angleterre est parvenue aux mêmes fins ; c'est-à-dire, à son agrandissement constant et progressif. La nature s'étant opposée à son agrandissement territorial, elle l'a cherché dans le commerce, dabord autour d'elle, puis au loin : et ce même commerce lui a procuré un immense agrandissement territorial dans des régions éloignées, que, par la facilité de sa brillante marine, elle peut presque lier au noyau de ses possessions, au centre de son action.

La différence dans la nature des forces, des moyens de grandeur de ces deux nations, doit indiquer au gouvernement et à la politique de la nation française, les moyens qu'il faut prendre pour affoiblir ou comprimer ces nations rivales dans le centre même, au foyer de leurs forces.

Le commerce et l'industrie sont la base de la prospérité anglaise : attaquons-la, minons-la dans son commerce et dans son industrie.

La force de la maison d'Autriche consiste dans son état militaire, dans sa position topographique, dans ses liaisons fédératives. Egalons, surpassons sa puissance militaire : bornons, concentrons sa position topographique : substituons nos liaisons fédératives aux siennes : faisons que, par l'emploi sage et bien dirigé de nos forces, les puissances alliées de la maison d'Autriche, même les plus anciennes, se trouvent mieux de notre alliance que de la sienne.

Le motif de cet écrit est de présenter quelques vues pour parvenir à ce but, pour atteindre cette double fin.

Je parlerai dabord des moyens d'affoiblir, de comprimer la prospérité, la puissance de l'Angleterre.

Je m'occuperai ensuite des mêmes objets relativement à la maison d'Autriche.

RELATIVEMENT A L'ANGLETERRE.

Depuis le règne de Henri VII, en 1485, la nation anglaise et ses souverains se sont constamment occupés du commerce et de l'industrie : leurs guerres, leurs traités, leur administration ont toujours eu pour but ces grands objets de prospérité. Ils sont devenus depuis, et dans ce moment plus que jamais, la base de la puissance de cette nation. L'attaquer dans son industrie, dans son commerce, c'est trancher jusqu'au vif ; c'est lui faire plus de mal qu'on ne pourroit faire à aucune autre des puissances de l'Europe en envahissant ses plus belles provinces et même en les lui enlevant totalement.

Dans son Industrie.

Par son industrie, l'Angleterre met à contribution tout le reste du monde connu. Son commerce devient le véhicule de cette industrie dans toutes les régions où les Européens ont pu pénétrer, et attire dans son sein tous les effets de l'industrie des autres nations.

Avec un sol et des richesses territoriales inépuisables, la France peut ne regarder l'industrie et le commerce que comme des accessoires de sa puissance : ils sont le principal en Angleterre.

La nation anglaise gémit sous le poids d'une dette publique effrayante et qu'on estime monter à une somme plus forte que ne produiroit la vente totale de son fond de terre, s'il étoit possible de le mettre en vente et de trouver des acquéreurs.

Pour fournir aux intérêts annuels de cette dette, il a fallu mettre des impôts hors de toute mesure avec les ressources intérieures. L'esprit de fiscalité s'y est montré d'une manière qu'on pourroit dire admirable, s'il n'avoit pour fin des mesures aussi désastreuses.

Ces impôts sont tels, que le peuple anglais ne pourroit y fournir par ses ressources agricoles et par son industrie intérieure, si je puis ainsi dire. Il faut que les autres nations, même les plus éloignées, viennent à son secours et aident à payer ces impôts pour lesquels elle ne pourroit se suffire. C'est un tribut qu'elles paient à son industrie.

Au moyen de cette consommation immense des objets recherchés de l'industrie et des manufactures anglaises, telle nation, tel individu, qui ne s'en doutent nullement, supportent une partie des impôts sous lesquels la nation anglaise succomberoit, si on pouvoit lui en laisser le poids sur elle-même.

Il est évident que le manufacturier anglais, même

le simple manouvrier , le voiturier, le négociant, le navigateur qui exporte, ne sont mis en état de payer les nombreux impôts auxquels ils sont soumis, que par le prix que donne l'acheteur des objets de leur manufacture, et que c'est l'acheteur, quelque éloigné qu'il puisse être, qui paie, en dernière analyse, les impôts que la nation anglaise a tant multipliés.

Cette vérité de fait indique que le moyen le plus simple, en même temps le plus efficace , pour miner et ruiner la puissance anglaise, seroit de parvenir à lui laisser, à elle seule, ou le tout ou la plus grande partie possible du fardeau de ses impôts.

Il viendroit un moment auquel ce fardeau seroit si pesant, que la nation ne pourroit le supporter : il en résulteroit nécessairement quelque secousse qui tourneroit à l'avantage de la nation qui seroit parvenue à ménager cet effet.

Qu'on ne perde pas de vue que c'est le dérangement des finances, le poids des contributions qui ont renversé le trône et la constitution monarchique de la France.

La nation française peut, plus qu'aucune autre, opérer cette révolution industrielle qui, en concourant avec les Anglais dans tous les marchés, diminuera la quantité de leurs ventes et les privera d'autant de ressources pour l'allégement du fardeau de leurs impositions.

L'industrie s'occupe en France des mêmes ob-

jets que l'industrie anglaise ; mais on ne peut se dissimuler que ce n'est ni avec le même succès ni
avec le même fini. Il ne s'agit donc, pour la nation
française, que de parvenir à la même perfection.

Mais en attendant ce moment, on devroit s'at-
tacher à suppléer au fini et à la perfection, par la
bonne qualité et par le meilleur marché, ce qui est
facile pour des objets de consommation générale,
car, grâces aux folies des gouvernemens, les peuples ; la grande partie des consommateurs seront
obligés, encore pour long-temps, de préférer les
objets de nécessité les moins chers à ceux qui auront plus de perfection.

C'est dans ces objets du meilleur marché que
la législation française peut influer ; car, quant au
fini et à la perfection des manufactures, c'est du
temps, c'est de l'émulation que nous devons l'attendre, et le génie actif et industrieux de la nation
donne tout à espérer.

La législature doit faire une attention particulière
à la nature de l'impôt, à son assiette, à sa quotité,
et sur-tout aux droits d'entrée : elle doit combiner les
effets de ces impôts en France avec ceux des impôts
de même nature chez les nations voisines qui peuvent rivaliser d'industrie, et qui sont dans le cas de
fournir les mêmes objets que nous : de manière que
cette assiette, que cette quotité soient telles qu'elles
pesent moins sur nos manufacturiers, que la même
assiette, la même quotité chez nos voisins ne pèsent

sur leurs manufactures, ou, ce qui revient au même, de manière que nos manufacturiers puissent donner le même objet à meilleur marché que leurs voisins, par le fait seul de l'impôt (1).

La nature et l'assiette de l'impôt ont de bien plus grandes conséquences qu'on ne pense vulgairement : c'est la cause première de la plus ou moins grande cherté dans les manufactures, et jusqu'ici nous n'avons pas vu qu'on ait assez pris cette influence en considération. C'est cependant sous ce point de vue

---

(1) On a vu avec peine combien peu les assemblées nationales se sont occupées jusqu'ici des impôts relatifs aux besoins ordinaires et extraordinaires de l'Etat : combien, chaque fois qu'il a été question d'impôts indirects, elles ont été arrêtées par de vaines théories, par d'anciennes déclamations. La question des impôts indirects doit être déterminée, en dernière analyse, par un seul fait. Les gouvernemens ont à dépenser pendant tous les instans de l'année : donc il faut leur procurer les moyens de rentrées pour tous les instans de l'année. Or il n'y a que les impôts indirects qui puissent produire cet effet. De sorte qu'au lieu de perdre un temps et même des lumières à discuter s'il faut ou ne faut pas des impôts indirects, on devroit réduire le problême à ces seuls mots : trouver des impôts indirects dont la nature, la quotité et la perception fussent à charge le moins possible aux contribuables. Je suis persuadé qu'un pareil problême abordé avec franchise, discuté avec bonne volonté, meneroit bientôt à la solution la plus désirable, et mettroit fin à des inconvéniens dont on n'ose plus regarder le terme.

seul que le gouvernement français pourra influer sur les préférences, quant au meilleur marché, que les manufactures françaises pourront obtenir sur les anglaises.

Il est encore un objet sur lequel le gouvernement français peut influer d'une manière très-avantageuse. L'industrie nationale a presque toujours été resserrée, souvent même contrariée par les institutions fiscales et par les préjugés de l'ancien gouvernement. Il est à espérer et même à présumer que par de bonnes lois, par la liberté, par la paix, cette industrie nationale sera débarrassée de tant d'entraves de fait et d'opinion, et qu'elle parviendra bientôt à son plus grand développement. Le gouvernement n'aura qu'à la protéger, qu'à la diriger, sans paroître le faire, en lui procurant seulement plus de facilités pour ses consommations et pour ses débouchés.

On sent que les succès de ce genre de combat de rivalité entre l'industrie française et l'anglaise, seront à peine sensibles d'abord ; mais ils seront sûrs et même bientôt plus rapides qu'on ne pense. Leur influence sera sans cesse croissante dans une proportion incalculable et dans ses effets en faveur de la France et dans ses effets au détriment de l'Angleterre.

En supposant que, dès les premières années de paix, on ne parvienne à rivaliser que dans un seul lieu de marché, que pour un seul objet; la portion, quelque petite qu'on veuille la supposer, que les Français vendront, sera dans cette proportion en faveur de la France et au détriment de l'Angleterre, qui aura à supporter, sur elle-même, la petite portion d'imposition que l'acquéreur, à ce marché, auroit supportée par l'acquisition de cette partie quelconque de l'industrie anglaise.

On peut augurer, sans trop présumer, que les succès d'une année seront supérieurs, en raison toujours accroissante, sur les succès de l'année précédente, et le moment viendra auquel on pourra espérer de balancer, dans tous les marchés, la quantité et la qualité des objets vendus par les Anglais.

Si on peut parvenir un jour à enlever à l'Angleterre la moitié du débit des objets de ses manufactures, qu'on se représente quels en seront les effets et pour elle et pour la France.

Ce seroit presque tout bénéfice pour la France, attendu que son sol et son agriculture suffisent déjà pour lui assurer une grande masse de richesses réelles; tandis que si on enlève une partie des bénéfices de l'industrie à l'Angleterre et qu'on la réduise aux produits de son sol, on mine toute sa puissance.

Je pense donc que ce n'est que dans l'intérieur de la France qu'un sage gouvernement français pourra faire une guerre avantageuse contre l'Angleterre, et que les plus petits succès qu'elle y acquerra, auront des conséquences bien plus sûres, bien plus profitables que les plus grands succès militaires.

Pour se former une idée juste des avantages immenses que l'Angleterre retire de ses manufactures, de son industrie, qu'on veuille bien considérer que par les observations, que par les rapports les plus exacts, l'Angleterre, l'Ecosse, l'Irlande et toutes les îles adjacentes, ne contiennent que huit à dix millions d'individus.

Otez de ce nombre les vieillards, les enfans, les gens occupés à l'agriculture, les militaires, les marins, les personnes aisées, même la partie des ouvriers, des manufacturiers qui ne travaillent que pour l'usage domestique, tels que les cordonniers, les tailleurs, les maréchaux, les serruriers, les maçons, etc., et vous verrez qu'il ne peut rester plus de trois millions d'individus occupés à des objets d'industrie pour l'exportation.

Cependant ces trois millions d'ouvriers fournissent, à eux seuls, presque autant de marchandises à tous les marchés du monde, que toute l'immense population de l'Europe (1).

____

(1) L'Angleterre doit ce grand développement de l'industrie à l'usage des machines mécaniques introduites dans toutes sortes de manufactures. Il seroit à désirer que cet usage pût s'établir, se répandre en France ; mais le refus obstiné des ouvriers y porte un obstacle qui a été insurmontable jusqu'ici. Plusieurs manufacturiers français, en étoffes de laine et de coton, en ont voulu établir dans les fabriques des

Mais

Mais aussi la France dòit trouver dans le génie
actif et dans l'industrie de ses habitans, l'espoir
d'égaler bientôt les efforts de l'Angleterre en ce
genre et d'opérer une révolution qui abaissera

---

ci-devant provinces de Normandie et de Champagne.
Mais en vain ; les ouvriers se sont portés à des
excès contre ceux qui ont voulu persister. Des fa-
bricans anglais, même des prisonniers de guerre
industrieux ont fait des essais, ont eu des succès
qui auroient dû encourager ; ils n'ont fait qu'irriter
des ouvriers qui craignent de voir réduire le despotisme qu'ils sont accoutumés à exercer. D'après ces
faits connus, je pense que dans ces contrées, dans
ces anciennes fabriques, on ne parviendra à établir
l'usage des machines mécaniques que par la concurrence, que par la considération des bénéfices que
feront ceux qui s'en serviront ailleurs : que pour
parvenir aux salutaires effets de cette concurrence,
il faut renoncer à l'idée de porter l'usage de ces
machines dans les pays où les fabriques sont établies
depuis long-temps ; mais qu'il convient d'en faire les
premiers essais, d'en introduire l'usage dans des contrées où aucune fabrique de même nature n'est éta-
blie , et où on n'aura pas à combattre contre les
préjugés et contrè l'intérêt réunis. On sait que pour
l'usage des machines mécaniques, il ne faut l'emploi
que d'un peu de forces physiques ; des femmes, des
vieillards, des enfans en ont suffisamment en général ;
il ne faut presque d'autre expérience que celle qui
s'acquiert en un jour. D'après ces observations, il me
paroît qu'on devroit établir des manufactures, pour
lesquelles il faut de ces machines, dans des contrées
où la population n'a pas d'occupation pour de pareils individus, où les communications sont faciles,

B

sa rivale. Car malgré tous les avantages que le gouvernement anglais prodigue au commerce et à l'industrie ; malgré tous les désavantages dont l'ancien gouvernement a accablé ces bases de toute prospérité ; malgré une infinité de lois et de réglemens faits par des hommes qui n'avoient presque aucune idée de commerce et d'industrie (1), nous observons que dans quelque pays qu'un Anglois trafique , soit individuellement , soit en corps de compagnie ; du nord au midi ; dans tous les marchés, jusques aux plus petits , il trouve des Français pour concurrens.

Ayant indiqué les moyens que je crois propres à affoiblir et miner la puissance anglaise dans son

---

où les préjugés et le despotisme des ouvriers ne sont pas enracinés. Les contrées situées sur les bords de la Loire, de la Dordogne , les ci-devant provinces du Limousin, du Berri , du Poitou, etc.... présenteroient des individus , des moyens , des débouchés propres à encourager de pareils établissemens. Ce pourroit être un moyen de réparer plutôt les dévastations de la Vendée et de quelques départemens voisins. C'est un objet que le gouvernement devra prendre en mûre considération , lorsque la paix lui permettra de s'occuper assiduement de la prospérité intérieure.

(1) Il faut en excepter la seule administration de Colbert; et par l'impulsion qu'elle donna et dont on se sent encore , on peut juger ce qu'auroient produit une administration et des efforts aussi sages, soutenus jusqu'à nos jours.

industrie ; je vais présenter quelques idées sur les moyens de l'attaquer et de l'affoiblir aussi efficacement dans son commerce.

Dans son Commerce.

Si l'industrie est le grand moyen de l'Angleterre pour alimenter ses exportations et pour mettre, en quelque sorte, à contribution toutes les autres nations, le commerce est le grand moyen de ses immenses importations , et, par le reflux des besoins des autres peuples, ces importations deviennent des exportations, après avoir payé un tribut en sa faveur par les divers droits d'entrée, de sortie et de commission dont elles sont chargées.

Pour affoiblir et miner la puissance anglaise, il faut que la France puisse attaquer son commerce dans sa source, comme nous avons vu qu'elle peut attaquer et balancer son industrie.

Mais les moyens à employer sont totalement différens. Il faut de la lenteur, des soins assidus, une force en apparence inerte, pour balancer l'industrie. Il faut une force active et sur-tout très-vive à propos, pour combattre et détruire le commerce. L'action constante à opposer à l'industrie doit avoir lieu en temps de paix comme en temps de guerre : l'action principale à opposer au commerce ne doit avoir son activité qu'en temps de guerre ; mais il faut la préparer pendant la paix et ne la perdre jamais de vue. En tout temps, il est des moyens simples pour enlever partie du commerce aux [Anglais, pour y substituer le nôtre.

Il est une observation affligéante pour tout bon Français qui a médité sur les intérêts, sur les moyens de sa patrie et qui les a comparés avec ceux de ses ennemis, et particulièrement avec ceux de l'Angleterre. C'est que le gouvernement français n'a jamais su ou voulu profiter de l'expérience et de l'observation dans ses fréquentes luttes contre les Anglais. On ne s'est jamais combattus à armes égales, si on peut prendre ces expressions au figuré.

Les Anglais ont toujours armé, recherché ou évité les combats en vue de quelque objet majeur non apparent. Les Français ont toujours armé et recherché les combats par une vaine gloriole militaire. Les Anglais portoient leurs grandes flottes dans des parages souvent éloignés des lieux et des convois qu'ils vouloient protéger. Les Français ne voyoient que les flottes militaires anglaises qu'ils croyoient devoir chercher et combattre, sans paroître avoir jamais compris les motifs du gouvernement anglais dans l'envoi de ses flottes dans tels ou tels parages. Les Anglais ont parfaitement connu la nécessité, la théorie, la pratique des convois des flottes marchandes; ils ont subordonné leurs armemens militaires au temps de la mise en mer, au salut de ces flottes; la marine militaire, dite marine royale, en France, n'a non-seulement jamais connu l'art des convois, mais même elle a témoigné le mépris le plus ridicule, le plus condamnable pour cette partie essentielle de la prospérité nationale. Enfin nous avons vu plusieurs fois les armemens militaires des Anglais rentrer dans leurs ports après avoir rempli leur mission non apparente du salut des convois, tandis que les flottes françaises tenoient inutilement la mer pour rechercher des combats que les Anglais n'ont jamais donné inutilement et sans une supé-riorité de nombre qui leur assuroit le succès.

Ce parallèle fera sentir la différence qu'il y a eu jusqu'ici entre les vues des deux nations dans leurs armemens militaires. Loin de décourager la marine française par ces observations, l'histoire a recueilli des faits, a marqué des époques qui indi-quent ce que cette marine pourra faire lorsque le gouvernement voudra l'animer et mettre à profit la valeur nationale.

C'est un phénomène historique que la grandeur, la facilité avec lesquelles Louis XIV créa une marine formidable presque dans un moment : com-ment la valeur suppléa à l'expérience. Mais aussi c'est un phénomène historique de voir combien cette marine fut détruite dans un moment et presque par le seul combat de la Hougue en 1692. Ce contraste de création et de destruction fait tableau. Nous avons vu, à-peu-près, la même chose pendant la fatale guerre de sept ans. Mais si ces faits prouvent que la force réelle, que la vraie grandeur ne peuvent exister que sur des fon-demens solides et préparés de longue main, ce qui arriva après ce funeste combat de la Hougue, démontre ce qu'on est en droit d'attendre de la valeur et de l'expérience des marins français, lorsque ces qualités seront mieux dirigées.

Jamais le commerce et la marine des Anglais n'ont tant perdu que pendant les années de guerre qui suivirent ce fameux combat. La marine militaire n'occupant plus les braves marins français, ils ne purent se condamner à l'oisiveté ; ils se mirent à armer en course ; ils remplirent les ports de France de prises faites sur les Anglais. Ils jetèrent plus de consternation chez le gouvernement anglais ; ils occasionnèrent plus de perte au commerce, que n'auroient pu faire la perte de plusieurs batailles navales.

On vit alors quelques officiers de la marine royale lutter de hardiesse et de valeur avec les marins particuliers. On vit le gouvernement récompenser ceux-ci par des grades supérieurs dans la marine militaire. Ce fut alors que brillèrent les Dugué-Trouin, les Jean Bart, et tant d'autres.

Nous avons vu ces scènes brillantes de la marine non militaire de France se reproduire pendant la guerre de 1744. On se rappelle, avec étonnement, les actions hardies, les grands succès des corsaires de Saint-Malo, de Granville, de Dunkerque. Nous avons vu depuis la gloire et les succès de Thurot. Ce qui s'est passé pendant la guerre pour l'indépendance de l'Amérique septentrionale, doit être une grande leçon pour le gouvernement et un grand encouragement pour les marins français. Même valeur , même défaut d'expérience dans la marine simplement militaire : même valeur, même hardiesse , même expérience , même succès dans les armateurs.

D'après ces considérations, qu'il étoit de mon sujet de présenter , on voit que pour parvenir à affoiblir et même à ruiner le commerce anglais, le gouvernement français n'aura qu'à tirer parti de la valeur et de l'expérience de ses marins ; il n'aura qu'à lire dans le grand livre des événemens et à diriger sa marche non sur la vaine gloire des combats, mais sur le vrai point sur lequel il pourra porter les coups les plus sensibles à son ennemi.

Dès-lors il doit éviter de se réduire à ces grands armemens qui absorbent tous ses moyens ; il doit armer la plus grande quantité possible de navires légers qui puissent se trouver sur tous les parages fréquentés par le commerce anglais ; il doit modifier la grandeur et l'armement des navires sur la nature des lieux où ils devront croiser et des navires qu'ils pourront rencontrer.

Il est une observation singulière , qu'il paroît qu'on n'a jamais saisi en France : c'est que le matelot anglais, le plus intrépide, le plus obéissant des hommes, lorsqu'il est sur un navire de la marine militaire, n'est plus le même homme lorsqu'il est sur des navires marchands et notamment sur ceux de la compagnie des Indes. Il dit lui-même qu'il ne veut pas hasarder sa vie pour faire gagner des négocians. On observe aussi qu'il n'a pas la même hardiesse lorsqu'il monte des corsaires.

On devroit profiter de cette observation, qui devient un avis, pour porter les coups les plus funestes au commerce qui est, dans ce moment, une des plus grandes causes de la prospérité anglaise ; je veux dire le commerce des Indes et du Bengale. Sous ce point de vue, le gouvernement français auroit dû porter, dès le début de la guerre contre l'Angleterre, une attention particulière sur les îles de France et de Bourbon ; les alimenter de ce qui seroit nécessaire en tout genre pour l'armement et le ravitaillement tant des navires de la marine militaire que des armateurs ; il auroit dû y stationner un nombre suffisant de vaisseaux propres à la destination d'intercepter les navires allant ou venant de l'Europe aux Indes (1).

Il faut en temps de guerre encourager l'armement en course par tous les moyens possibles. C'est une grande faute qu'on a commise, au commencement de la guerre actuelle contre les Anglais, de paralyser l'ardeur qui se montroit pour ce genre de navigation. On voit quel succès il a eu depuis qu'un gouvernement plus régulier a ôté les entraves. Que peut-on voir de plus heureux pour sa nation, de

____

(1) Tout bon Français a vu, avec une sollicitude extrême, que de fausses mesures ont été sur le point de faire perdre, pour la France, des Colonies aussi précieuses.

plus funeste pour ses ennemis, que des hommes qui négligent toute considération de leurs dangers particuliers pour se procurer des moyens de jouissance aux dépens des ennemis de l'Etat ? N'est-il pas de l'intérêt public de procurer à des hommes aussi précieux toutes les facilités possibles ?

Il est encore un grand inconvénient dont il est surprenant qu'on ne se soit pas aperçu ; c'est celui de concentrer toute sa puissance maritime, tous ses moyens, dans quelques points déterminés, tels que Brest, Rochefort, Toulon, que l'ennemi peut aisément bloquer. Il est évident que pour les grands armemens militaires, il faut des points principaux où tous les genres de secours, d'approvisionnemens se trouvent. Mais convient-il à la France de tout sacrifier pour ces grands armemens jusqu'à ce qu'elle puisse les faire à l'égal de ceux de l'Angleterre ? En attendant, si on veut diriger la guerre contre elle de la manière la plus ruineuse pour son commerce, et par celà même la plus funeste contre cette nation rivale, il faut armer des navires légers sur tous les points de la France maritime, dans tous les ports.

On réunira le double avantage de pouvoir partir d'un plus grand nombre de points, et d'ôter à l'ennemi les moyens de bloquer les armemens. Si la nature a refusé à la France la quantité de beaux ports, de superbes rades qu'elle a prodigués à l'Angleterre, elle a compensé cette défaveur par le nombre infini de petits ports très-sûrs, situés sur les deux mers et d'où des armemens particuliers peuvent sortir.

Pour former leurs marins, les Anglais ont tou-jours en armement, en temps de paix, une quantité considérable de frégates, de corvettes, de navires légers stationnés dans les divers parages fréquentés par leurs navires de commerce ou dans lesquels ils ont des établissemens. Il en résulte le double avantage de former des officiers vrais hommes de mer (1), et de présenter, aux divers peuples chez lesquels ils négocient, des moyens puissans de force et de protection. Nous avons vu, dans plusieurs occasions, ces apparences de force et de protection en impo-ser et prévenir des ruptures.

Le gouvernement français doit imiter cet exem-ple ; tenir des navires armés dans tous les parages que son commerce fréquente ; ne pas laisser passer une occasion de se montrer d'une manière impo-sante, par-tout où il y a lieu d'envoyer par mer des ambassadeurs ou des gouverneurs.

---

(1) L'amiral Suffren fit dans l'Inde une campagne des plus brillantes pour la marine française ; il battit toujours l'ennemi, et cependant cette campagne ne produisit pas l'effet que l'on auroit dû attendre, par le seul défaut d'expérience et de la connoissance de ces mers de la part des officiers français. Il n'y avoit pas un seul capitaine de vaisseau français, pas un officier supérieur qui eût été dans l'Inde ; tandis qu'il n'y avoit pas un capitaine, pas un officier anglais qui n'y fût au moins à son troisième voyage.

Il faut parler aux yeux des peuples, et les peuples sont par-tout les mêmes : ils prennent des idées de la grandeur , de la puissance des nations sur l'appareil qu'ils en voient. Un ambassadeur qui arrivera à Constantinople accompagné par une escadre, qui sera mis à terre avec pompe , en imposera bien plus à la Porte et au peuple Ottoman, mettra bien plus en évidence la puissance de la nation qu'il vient représenter , qu'un ambassadeur qui voyagera , qui arrivera en particulier aisé ou même fastueux (1).

Enfin , le gouvernement français doit porter l'attention la plus sincère sur la construction des navires dont il doit se prémunir pour parvenir à la plus grande légèreté possible dans la marche , sans nuire à la solidité. Les pas heureux et admirés des constructeurs français donnent lieu à espérer qu'on parviendra à la perfection de la légèreté et de la vîtesse de la marche. On doit voir combien c'est es-

---

(1) Qu'on se représente *Aubert du Bayet*, ambassadeur d'une nation qui . par ses armées de terre, a bravé toutes les puissances de l'Europe , arriver dans les états du Grand-Seigneur, et jusque dans sa capitale, sans suite, presque seul, comme un transfuge. Quelle idée et le sultan et son conseil et le peuple ottoman ne sont ils pas autorisés à se former de la puissance maritime de l'Angleterre , en observant que la nation fançaise n'ose pas risquer un armement convenable pour escorter et protéger son ambassadeur !

sentiel pour le genre de guerre que je propose de faire à l'Angleterre.

Il est un point de grande conséquence à prescrire à tous les officiers de la marine militaire qui seront employés en chef tant d'un grand que d'un petit armement; même à tout commandant de navire qui devra agir seul. Ce sera de n'accepter de combat que lorsqu'il ne pourra l'éviter, ou de n'en livrer que lorsque ce sera absolument nécessaire au succès de son expédition.

Ne perdons pas de vue que nous voulons miner la puissance anglaise, dans ce qui forme sa principale base : cette base principale porte sur le commerce. Or, les marins français devront faire tout ce qui sera possible pour remplir ce but, sans s'exposer à perdre leur navire ou à faire périr du monde inutilement. Ils devront se nourrir de cette idée, qu'il y a plus de grandeur et de gloire à obtenir ce qu'on désire par les moyens qui tiennent à la combinaison, à la sagesse, à l'expérience, que par ceux qui tiennent beaucoup du hasard, et qui font plutôt parade d'une vaine gloriole que d'un amour véritable pour la gloire. Mais aussi, lorsqu'on ne pourra éviter de donner ou d'accepter le combat, les braves marins français doivent le rendre si terrible que les ennemis puissent ne voir qu'une bonne politique, qu'une grande sagesse dans les refus accidentels qu'ils auront pu faire.

La France ne doit pas se borner à faire la guerre

au commerce de l'Angleterre, elle doit l'attaquer aussi dans ses finances, et l'état des choses en Angleterre lui en présente et lui en présentera long-temps les moyens.

Il est une observation essentielle à faire dans la nature des guerres que la France peut avoir contre les diverses puissances de l'Europe.

Dans ses différens avec les puissances continentales, la France fait une guerre d'hommes et de terrain, si je puis ainsi dire ; c'est une chance réciproque avec ses ennemis, qui n'y mettent aussi que des hommes et du terrain. Les moyens et les dépenses sont respectifs et proportionnés.

Il n'en est pas de même dans les guerres de la France contre l'Angleterre ; comme la France ne pourra, de quelque temps, faire une guerre de mer à nombre, à moyens égaux, il faut qu'elle en fasse une guerre d'argent pour miner son ennemie par les dépenses et l'obliger à les augmenter à un point qui devienne hors de toute mesure avec ses ressources.

Dès-lors, en cas de rupture avec l'Angleterre, et même dès ce moment, si les négociations de Lille ne se terminent pas par la paix, il faut que le gouvernement français se propose ce ploblême : *occasionner le plus de dépense possible à l'Angleterre, tandis que la France en fera le moins possible.* La solution en sera totalement en faveur de la France, non - seulement dans ce moment, mais même en tout temps.

Pour se le démontrer, il faut considérer l'embarras dans lequel l'Angleterre se trouve, relativement à ses finances et à la rareté extrême du numéraire que la nation Anglaise éprouve. Cet embarras et cette rareté sont les effets de sa manière de faire la guerre depuis long-temps, et j'oserois dire, de sa haine, de sa jalousie contre la France. L'Angleterre a toujours voulu être partie active dans les guerres de terre que la France a eu a soutenir. Dès-lors elle s'est mise dans le cas d'agir sur le théâtre de ces guerres : il a constamment été sur le continent : c'est donc sur le continent et loin de sa circulation intérieure, que les Anglais ont versé leur numéraire, soit pour l'entretien de leurs armées, soit pour les subsides aux princes qu'ils excitoient, qu'ils soutenoient contre la France.

Je ne ferai aucune application de ces faits et de leurs conséquences relativement à des guerres plus anciennes ; je me bornerai à faire observer que la pénurie extrême de numéraire, dans laquelle la nation anglaise se trouve dans ce moment, provient des deux guerres successives qu'elle vient de soutenir.

Ces deux guerres sont celle contre l'Amérique septentrionale, qui a si glorieusement combattu pour son indépendance, et celle que l'Angleterre soutient dans ce moment contre la France.

Par la guerre portée sur le continent de l'Amérique, l'Angleterre y versa des sommes immenses en numéraire effectif. Le commerce, quelque lucratif qu'il ait pu être, n'a pu faire rentrer ces sommes en numéraire ; car on sait que l'Amérique septentrionale n'est point encore dans le cas de mettre du numéraire dans sa balance de commerce avec les autres nations. Donc le numéraire exporté par cette guerre ne peut être encore rentré.

Quant à la guerre que l'Angleterre soutient, et je puis même dire maintient actuellement contre la France, il faut que la haine de Pitt et du gouvernement anglais soit bien forte pour les avoir dominés au point de ne pas voir les terribles conséquences auxquelles ils exposoient leur nation relativement à ses finances. Car, joignant aux dépenses nécessaires pour faire la guerre contre la France, les sommes versées chez le roi de Sardaigne, chez le roi de Prusse, chez l'Empereur, chez divers princes de l'Allemagne, on verra quelle quantité immense de numéraire effectif il est sorti de l'Angleterre et de sa circulation. Le gouvernement a fait toutes les opérations de banque possibles pour le faire rentrer ; mais ces opérations sont coûteuses : ce sont encore des frais à ajouter aux frais de cette manière de faire la guerre.

Par la nature de cette guerre et par les succès des armées françaises, le commerce n'a pu faire rentrer en Angleterre la moindre partie de ce numéraire effectif versé en Allemagne, en Piémont : car, depuis Hambourg, sur la mer du Nord, jusqu'aux îles de l'Archipel, dans la Méditerranée, tous les ports ont été fermés aux Anglais, à l'exception de ceux du Portugal. Il en est résulté une stagnation dans les exportations anglaises pour les vastes régions comprises dans cet espace, et le manque absolu des retours : donc les bénéfices du commerce n'ont pu faire rentrer la monnoie effective sortie pour les subsides à ces divers princes.

La France se trouve dans une position plus heureuse lorsqu'elle fait la guerre contre les puissances limitrophes. Les sommes en numéraire effectif qu'elle dépense, rentrent bientôt dans sa circulation par ses liaisons faciles et inévitables avec ses voisins, même en temps de guerre.

Indépendamment de la pénurie du numéraire effectif, il résulte de ces opérations désastreuses du gouvernement anglais, une masse de dettes qui pesera long-temps sur la nation. Les impôts que cette masse de dettes occasionnera, rendront chaque jour plus difficiles les nouvelles dépenses qu'il est de l'intérêt de la France de faire faire à l'Angleterre.

C'est dans ces positions respectives que je pense que la France peut faire, avec avantage, une guerre d'argent contre l'Angleterre, et obliger cette puissance haineuse et rivale, à faire des dépenses qui la conduiront à son épuisement, tandis qu'elle même en aura infiniment moins à faire.

En effet, obligée de tenir tête contre presque toute l'Europe armée contre elle, la France a formé des établissemens militaires formidables et même tels que, en en réformant une grande partie, il lui en restera plus qu'il ne faut pour faire trembler l'Angleterre

gleterre. Elle a une artillerie immense : tous les approvisionnemens militaires en tous genres ; toutes les grosses dépenses sont faites ; elle a les troupes les plus audacieuses, les plus accoutumées à vaincre : elle peut mettre en action ses terribles moyens, même en économisant et lors même qu'une paix générale la mettroit dans le cas de réformer une grande partie de cet immense état militaire, ses magasins se trouveroient remplis d'artillerie, d'armes et d'une infinité de choses dont la dépense est déjà faite. Il n'en coûtera de long-temps que des frais d'entretien, que des ordres bien donnés, d'une exécution bien surveillée, rendront peu coûteux : de manière que, au premier signal, tout pourra être mis en action.

L'Angleterre, au contraire, se trouve au dépourvu pour une guerre de terre, même dans ses foyers. Son armée est peu nombreuse, peu aguérie ; elle en a donné la preuve à la campagne qu'elle a fait en Flandres, et notamment auprès de Dunkerque, sous le duc d'Yorck ; ses milices coûtent cher et n'ont presque aucune idée du service militaire : son artillerie n'est point en proportion avec l'étendue des côtes à défendre. Tout est presque à créer pour s'opposer à l'invasion que les Français pourroient tenter sur plusieurs points ou même simuler.

La position des Anglais deviendroit encore plus fâcheuse à raison d'une différence à saisir dans la manière de faire la guerre contre des puissances continentales ou contre une puissance insulaire et maritime.

Relativement aux puissances continentales , tout point de contact et d'invasion est circonscrit et dé-terminé. Chaque puissance peut porter ses prépa-ratifs d'attaque ou de défense sur ces points connus. Cela borne et circonscrit la dépense jusqu'à un cer-tain point.

Il n'en est pas de même contre une puissance in-sulaire ; elle est attaquable sur tous les points de sa circonférence ; elle ne peut prévoir où se formera l'attaque principale ou les attaques simultanées : dès-lors elle se voit obligée à se prémunir sur plus de points de défense et par cela même à de bien plus grandes dépenses.

C'est donc un avantage que la France a sur l'An-gleterre ; avantage d'autant plus grand que tout se fait à plus de frais en Angleterre que chez les autres nations.

Des préparatifs sortis de magasins en France et déposés sur les côtes depuis Brest jusqu'à l'Escaut ; le rassemblement de troupes menaçant toutes les côtes de l'Angleterre, y porteroient un trouble ex-trême ; obligeroient le gouvernement à se mettre en mesure de défense sur une infinité de points, et occasionneroient de plus grandes dépenses que l'en-tretien des armées ne coûteroit sur les points de contract entre les nations continentales.

A ces causes de fait on peut joindre des considérations morales mais positives qui , augmentant le trouble , augmenteront la dépense et la détresse du gouvernement anglais ; car la crainte d'une invasion produit sur les esprits presque les mêmes effets que l'invasion même. De-là une sollicitude sans borne qui se communique des particuliers au gouvernement.

Malgré leur orgueil et leur jactance , les Anglais redoutent singulièrement la valeur et l'audace des Français. Ce sentiment a acquis une nouvelle force par la manière hardie avec laquelle les troupes françaises ont vaincu leurs ennemis sur tous les points pendant cette guerre contre la coalition. L'idée seule d'une descente des Français fait fuir dans l'intérieur les habitans des côtes : ils portent, avec eux , l'exagération et la confusion. On en a eu une preuve évidente lorsque la flotte combinée de France et d'Espagne , sous le commandement de Dorvilliers et de Cordova , entra dans la Manche et parvint à la hauteur de Plimouth. Les habitans de cette ville et des contrées adjacentes s'enfuirent en très-grand nombre. On savoit pourtant et le gouvernement se hâta de publier qu'il n'y avoit aucune troupe de débarquement sur cette flotte. Il en coûta beaucoup au gouvernement pour les mesures qu'il fut obligé de prendre pour rassurer les esprits. Que l'on juge ce qui arriveroit si le même événement pouvoit avoir lieu sur plusieurs point de la circonférence.

Le gouvernement anglais seroit d'autant plus embarrassé que l'état des finances est plus fâcheux qu'il n'ait jamais été et au point que, malgré la suspension momentanée de ses paiemens, il s'est vu obligé d'avoir recours à l'opération désastreuse de l'émission de billets de banque de petites sommes. Sous quelle couleur qu'on veuille masquer cette opération, c'est une émission de papier-monnoie de sommes assez petites pour entrer dans la circulation des manouvriers. Les suites en sont inévitables. La France doit saisir toutes les occasions pour en accélérer l'effet. Elle le pourra d'autant plus que le discrédit, déjà assez fort, peut venir à un point qui donnera de grands embarras au gouvernement anglais.

Il est un phénomène politique assez singulier, c'est que, par une suite de ses malheurs, la France se trouve dans la position la plus favorable pour faire augmenter les dépenses et la détresse pécuniaire des Anglais. Elle passe de l'état pénible d'un papier-monnoie à une monnoie effective ; tandis que l'Angleterre s'enfonce de plus en plus dans le gouffre du papier-monnoie qui augmente nécessairement les dépenses, et d'une maniere hors de toute proportion. Observons que la France se trouve seule dans cette position, car toutes les autres puissances de l'Europe sont obligées d'avoir recours au papier-monnoie sous diverses dénominations.

Il est à espérer que profitant de cette circonstance, que par la paix, que par une bonne administration intérieure, la France se mettra en état de monter sa marine au point de pouvoir lutter du pair en nombre et en expérience avec celle des Anglais. Alors joignant la force active militaire aux moyens propres à faire la guerre aux finances de l'Angleterre, on pourra la mettre hors d'état de stipendier toutes les puissances continentales de l'Europe contre nous et même, s'il y a lieu, de lui rendre tout le mal qu'elle nous a fait et qu'elle a voulu nous faire.

Après avoir parlé des moyens destructeurs qui affligent le cœur de tout ami de l'humanité, mais que la politique ambitieuse des Anglais rend nécessaires, portons nos regards sur des moyens moins désastreux, pour égaler le commerce des Anglais, et pour tâcher de faire pencher la balance en notre faveur.

J'ai posé en principe que tout consommateur de marchandise de manufacture anglaise paie une portion des impôts de cette nation.

La France a aussi une immense dette publique. Les nations qui commercent avec elle paient une partie des intérêts de cette dette, suivant que la balance de commerce se trouve.

Par son sol, par sa position topographique, par son agriculture, la France met dans ses exportations une plus grande partie de ses productions territoriales que des produits seuls de son industrie : c'est un grand avantage. Pour le rendre aussi profitable

qu'il sera possible, relativement aux nations qui l'a-
voisinent, et notamment relativement à l'Angleterre,
il faut que toute liaison de commerce soit basée de
manière que la France puisse exporter au moins autant de matières de son sol et de son industrie,
qu'elle en reçoit du sol et de l'industrie des autres.
Il s'établit par-là une balance entre les portions
des impositions payées respectivement à une nation
par une autre.

Mais si par des traités et des liaisons commerciales; il se trouve qu'une nation fournisse à l'autre
plus des produits de son industrie que l'autre n'en peut
fournir de ses productions territoriales ou industrielles,
il est évident que la nation industrieuse y gagne et
que la nation agricole y perd.

Tel est le cas de la France relativement à l'Angleterre, par le traité de commerce mal réfléchi, mal
combiné du 29 septembre 1786. J'ai démontré, dans
un écrit particulier et qui se trouve ci-après, les funestes effets de ce traité pour l'industrie, pour le commerce, pour les finances de la France. Ce que j'ai dit
suffira pour faire voir que dans les liaisons quelconques
de la France avec l'Angleterre, il faudra faire une
attention extrême pour combiner, pour calculer quel
pourra être le résultat de la balance de commerce
entre ces deux nations, ou, pour suivre mon point
de vue, quelle nation paiera la plus grande portion
des contributions de l'autre.

Dans l'état actuel du commerce, de l'industrie des

productions territoriales des deux nations, je pense que l'Angleterre perdroit plus que la France à n'avoir aucunes liaisons commerciales entre elles, si on ne peut parvenir à les établir sur un pied plus égal, plus respectivement avantageux.

L'acte de navigation passé en Angleterre, sous l'administration de Cromwel, doit être considéré comme une des plus puissantes causes de la prospérité du commerce de cette nation et même de sa puissance maritime. Il est vraiment surprenant que les autres nations se soient laissées imposer cette loi et n'aient pas usé de représailles envers l'Angleterre.

La convention nationale avoit décrété un acte de navigation pour la France; mais elle avoit mal saisi le moment : loin de fermer nos ports à tous les pavillons, la guerre et nos besoins nous mettoient dans le cas de les appeler, de les encourager. Aussi la convention se vit-elle bientôt obligée de rapporter ce décret inconsidéré. Il seroit cependant convenable que la législature française s'occupât à faire un acte de navigation, non pour fermer nos ports aux navires de toutes les nations qui n'apporteroient pas des productions de leur sol ou de leur industrie, mais pour le mettre en vigueur envers l'Angleterre. Il ne devroit être que réciproque envers quelle nation que ce soit et non absolu; car je regarde un acte de navigation exclusif, absolu, comme une déclaration de guerre contre le commerce des autres nations.

La législation du commerce maritime a besoin

d'être revue en France. Il faut la combiner avec les circonstances et ne pas gêner les armemens comme on a trop fait jusqu'ici : ce sera d'autant plus avantageux que la majeure partie des exportations de la France proviennent de ses productions territoriales en nature, qu'elles sont de poids, ce qui, servant de lest, peut permettre de la modicité dans les prix du fret soit des denrées communes, soit des objets d'un plus grand prix : car il n'y aura pas le moindre poids dans le navire qui ne paie le fret.

La manie réglémentaire de l'ancien gouvernement paralysoit l'ardeur et le courage des armateurs et des marins ; aussi ne voyoit-on pas le pavillon français se montrer dans tous les parages en proportion relative à la quantité des ports et des besoins de la nation. Tout bon Français étoit affligé de voir que les Anglais, les Hollandais, fournissoient nos chantiers de bois, de chanvre, de goudron, etc...... tirés du Nord ; de voir, par l'état des navires qui passoient le *Sund*, combien peu il y en avoit de français, tandis qu'une grande partie des exportations de la Baltique étoit destinée pour la France.

Je me résume et dis que pour affoiblir et comprimer la puissance de l'Angleterre, la France doit encourager ses manufactures par tous les moyens possibles, pour les porter au point de perfection et de bon marché qui puisse les faire vendre chez toutes les nations en concurrence avec les objets des manufactures anglaises :

Que par-là on laissera à la nation anglaise le fardeau de payer, à elle seule, la plus grande partie des impôts que son immense dette publique nécessite :

Que ce fardeau deviendra si lourd pour la nation, qu'il faudra qu'il occasionne quelque secousse dont la France doit se mettre à portée de profiter :

Qu'à ce moyen d'affoiblissement de la puissance anglaise dans son industrie, il faut joindre celui de la diminution de son commerce :

Que pour y parvenir, en temps de guerre, il faut que la France change de méthode de faire la guerre à cette nation ; que pour cet effet elle doit renoncer à ces grands armemens, à ces grandes batailles navales, pour attaquer le commerce anglais dans tous les parages. Un convoi enlevé ou dissipé produira de plus fâcheux effets en Angleterre que ne pourroient le faire plusieurs grands combats perdus :

Qu'un des moyens des plus désastreux pour la prospérité des Anglais, sera de les attaquer dans leurs finances, en leur occasionnant, en temps de guerre, le plus de dépense possible :

Que les circonstances permettront, pendant long-temps, à la France de produire cet effet sans s'exposer à faire elle-même des dépenses relatives :

Que ces moyens destructeurs ne pouvant avoir lieu que pendant la guerre, la France doit profiter de tous les momens de paix pour s'y prémunir.

Qu'un traité de commerce bien basé avec l'Angleterre, soutenu par un acte de navigation en France, qui n'auroit lieu qu'envers les nations qui en auroient un de leur côté, produiroit plus d'avantages à la France qu'à l'Angleterre :

Mais qu'il vaudroit mieux n'avoir point de liaisons commerciales avec l'Angleterre, que de les avoir basées comme elles l'étoient par le traité de Versailles du 16 septembre 1786.

Il me resteroit à parler des moyens que la France pourroit avoir pour miner et affoiblir la puissance des Anglais dans les Indes , aux Antilles, dans le Nord de l'Amérique : mais ce que je présenterois dans ce moment, pourroit devenir oiseux et inutile par les articles de la pacification dont on s'occupe. Je me réserve d'exposer mes vues sur ces objets inté-ressans, lorsque cette pacification aura déterminé la propriété et les points d'appui des deux puissances dans ces diverses régions.

RELATIVEMENT A LA MAISON D'AUTRICHE.

Aucun événement politique n'a paru aussi surprenant aux hommes versés dans l'histoire moderne, aux hommes instruits des intérêts des nations de l'Europe, que le traité de 1756 entre les cours de Versailles et de Vienne.

Par ce traité, vraiment inconcevable, la France paroît descendre, de plein gré, du rang auquel sa position, sa population, sa force réelle l'ont mise, pour se rendre puissance secondaire et presque subordonnée à la maison d'Autriche.

Une intrigue de cour produisit cette liaison funeste. Les intérêts de la nation ne furent point consultés. La moindre attention sur la conduite ancienne et moderne du cabinet de Vienne, envers la France, auroit dû suffire pour faire rejeter même la proposition d'une telle alliance.

Tels sont les dangers que les nations courrent lorsque leurs intérêts sont soumis à la volonté d'un seul homme qui, souvent et sans qu'il puisse s'en douter, devient le jouet ou l'instrument de ceux qui l'entourent.

J'ai toujours pensé que c'est aux liaisons politiques et aux fâcheux effets, pour la France, du traité de 1756, qu'il faut attribuer les malheurs de la guerre de sept ans, la paix honteuse qui la termina, et les terribles secousses dont la France aura tant de peine à se relever.

Mais si ce traité de 1756 et la conduite que la

cour de France a tenue depuis , sont une preuve de l'insouciance et de l'impéritie des conseils qu'elle a eus , la conduite de la cour de Vienne annonce combien elle a su en profiter et poursuivre son ancien plan d'agrandissement. Que l'on jette un coup d'œil rétrograde sur les événemens politiques marquans qu'il y a eu depuis ce traité de 1756 , et on se convaincra que la guerre la plus heureuse , que le gain de plusieurs batailles, que l'enlèvement de plusieurs provinces , n'eussent pas autant contribué à la puissance de la maison d'Autriche et à l'humiliation de la France.

Ici les réflexions naissent en foule ; mais comme elles sont connues et senties de tous ceux qui ont médité sur ces affaires d'état, je ne m'en permettrai pas d'autres et je me contenterai de poser comme faits certains , comme principes positifs pour le gouvernement français , que la nation française n'a pas de plus grand ennemi , de malveillant plus jaloux , plus invétéré que la maison d'Autriche ; qu'il faut renoncer à toute idée de liaison franche et amicale avec elle ; que par sa conduite envers la France , depuis des siècles et à travers tous les systêmes de politique , on doit juger quelle sera sa conduite à l'avenir ; que d'après une infinité de considérations tout bon Français doit être constamment en garde contre les projets de cette maison ambitieuse et hautaine : enfin que le gouvernement français doit toujours avoir en vue l'affoiblissement ou du moins

l'éloignement de la puissance de la maison d'Autriche, et qu'il doit sans cesse se préparer à cet événement par tous les moyens qui seront en son pouvoir.

Le développement de quelques moyens qui me
paroissent les plus sûrs, les plus efficaces, font l'objet
des vues que je vais présenter sur les intérêts de la
France relativement à la maison d'Autriche.

La position topographique des états de cette maison,
la position, les forces, les intérêts des puissances
qui l'avoisinent, présentent les moyens qu'on peut
saisir pour diminuer sa puissance et son influence en
Allemagne.

Le but constant d'une saine politique, de la nation
française, doit être de reléguer la puissance de la
maison d'Autriche à l'Est de l'Europe ; de la réduire
aux grands états qu'elle y possède ; de lui ôter tout
moyen d'influence au Midi et à l'Ouest ; de la cerner
de grandes puissances qui, avec quelques secours,
quelques liaisons politiques, puissent la contenir dans
les bornes que l'intérêt et la tranquillité de l'Europe
prescrivent.

Deux puissances peuvent concourir utilement à cet
effet, avec les secours et l'alliance de la France. La
Prusse et l'Electeur Palatin et de Bavière. Il en étoit
une troisième qui auroit pu contribuer efficacement
à parvenir au même but : c'étoit le roi de Sardaigne ;
mais les nouveaux arrangemens politiques formés en
Italie, ne permettent plus d'en profiter.

Je vais présenter mes vues et les moyens qui me

paroissent pouvoir produire l'effet désiré. Je discuterai ensuite quelques considérations générales sur ce plan.

Personne n'ignore combien la maison d'Autriche a été, de tous temps, et se maintient implacable dans ses haines (1) ; sous quel faux dehors elle a toujours su les masquer. Celle qu'elle a vouée à la maison de Prusse est connue ; elle se décèle dans toutes les occasions, même avec une amertume qui perce dans toutes les circonstances, malgré la profonde dissimulation qui caractérise le cabinet de Vienne. Les sentimens de la maison de Prusse ne sont pas plus affectionnés ; mais ils sont avec cette différence connue et sentie, difficile à définir, de la supériorité de sentiment en celui qui a conquis sur celui qui a été vaincu. De quelle nature que soient les sentimens d'aliénation entre ces deux maisons, ils existent.

La maison d'Autriche ne perd jamais de vue son projet de recouvrer la Silésie. La maison de Prusse ne doit jamais perdre de vue le besoin qu'elle a, non seulement de conserver cette belle contrée, mais même de s'arrondir, d'agrandir ses possessions aux dépens de sa rivale.

La nature de la puissance de la Prusse lui impose ce devoir, si elle ne veut être exposée un jour, et presque tout-à-coup, à succomber sous les efforts

______

(1) Toute l'Europe a vu avec indignation l'effet de ce sentiment, peu digne des grandes ames, envers Lafayette et sa respectable famille, envers Latour Maubourg, et envers Bureau de Puzy.

clandestinement médités et sourdement préparés par la cour de Vienne. Déjà les deux démembremens de la Pologne réunissent une grande partie des territoires de la Prusse, en font un corps contigu, et présentent une masse imposante : mais cela ne suffit pas pour opposer une résistance, corps à corps, relative à la puissance de la maison d'Autriche, lors même qu'elle ne seroit pas secondée par tout ce que l'intrigue et le fanatisme pourront lui procurer de secours de la part de plusieurs princes et états de l'Empire

Or, c'est d'après ces sentimens respectifs et bien connus ; c'est d'après ces positions que la France doit se préparer, pour qu'à la première occasion, elle fasse sentir à sa rivale tout le poids de son influence et de ses forces.

Si Frédéric II avoit gagné la bataille de *Collins*, en 1757, il conquéroit la Bohême : elle seroit à la Prusse, et cette acquisition, jointe aux états qu'elle a eu le talent de s'adjoindre, mettroient cette puissance en état de lutter de pair avec la maison d'Autriche.

Ce que la perte d'une bataille a fait manquer n'est pas tellement hors de toute atteinte, que des circonstances ne puissent le faire retrouver. La succession éventuelle de la Bavière peut donner lieu à quelque renversement dans le système politique de l'Allemagne. La Prusse peut et doit en profiter. La France doit contribuer de tous ses moyens à l'affoiblissement de la maison d'Autriche au centre de l'Allemagne.

La saine politique prescrit à ces deux puissances de se préparer à ce grand événement.

Il est vraisemblable que la Prusse pénétrant dans la Bohême, avec toutes ses forces et avec la rapidité que Frédéric II mit à entrer en Saxe en 1756, ne trouvera pas des obstacles insurmontables de la part des armées autrichiennes, auxquelles on procurera assez d'occupation ailleurs, et même au cœur de l'Autriche, comme je le ferai voir ci-après.

Si les efforts des alliés peuvent parvenir à laisser conquérir la Bohême par le roi de Prusse et à lui assurer cette conquête par des traités, il est aisé de voir quelle force réelle cette puissance acquerra ; elle présentera une masse imposante par sa population, par sa force, par la contiguité de ses posséssions.

Il ne faut pas se dissimuler que la maison d'Autriche opposera la plus vive résistance. Je me propose d'examiner, ci-après, quels pourront être ses propres moyens et ceux que ses alliés pourront lui fournir. De la combinaison des faits que j'exposerai, j'espère qu'il en naîtra plus que de la probabilité pour le succès de l'entreprise du roi de Prusse.

Les armées et l'état militaire de la Prusse seront seuls, suffisans pour cette opération, qui ne sera presque qu'une grande diversion pour les coups que l'on pourra frapper ailleurs.

La France n'aura rien à faire sur cette partie du théâtre

théâtre de la guerre ; mais elle doit en préparer un autre, où elle prendra une part plus active.

L'extinction prochaine de la branche de la maison Palatine doit naturellement faire tomber cette grande succession dans la maison du duc des Deux-Ponts. Les prétentions que la maison d'Autriche se hâta trop de faire connoître en 1778, firent prévoir les troubles que cette succession pourroit occasionner. Le grand Frédéric, qui arrêta, par ses armes, les vues ambitieuses de l'empereur, crut pouvoir y mettre un frein pour l'avenir, par la convention de garantie passée entre plusieurs princes et états de l'Allemagne ; mais on inséra dans le traité de *Teschen*, en 1779, *salvo jure tertii*, qui, en laissant une porte ouverte aux prétentions de la maison d'Autriche, seront saisis par elle et occasionneront vraisemblablement un grand conflit en Allemagne. Cette querelle peut avoir les plus grandes conséquences pour l'Empire germanique.

Si la maison d'Autriche en sort victorieuse ; si elle emporte la Bavière, qu'elle convoite depuis long-temps, la confédération germanique risque d'être écrasée ; mais, ce qui n'est pas douteux, le roi de Prusse sera une des premières victimes de la masse du pouvoir que la maison d'Autriche aura acquise.

Ces considérations, et une infinité d'autres, qu'il seroit trop long de développer ici, doivent engager la maison palatine des Deux-Ponts, le roi de Prusse, les princes de l'empire et la France, à se prémunir pour le moment de cet événement.

Le duc des Deux-Ponts pourra peu, d'abord, par le défaut de liaison des états qui lui parviendront ; mais la France doit venir à son secours, et c'est en cela qu'elle prendra la part la plus active dans cette querelle. Il faut que, sur le champ et avec toute la rapidité possible, elle fasse une grande invasion dans le Brisgau et dans la Bavière, ayant le duc des Deux-Ponts à la téte des armées, pour faire voir aux Bavarois et aux autres puissances, qu'elle ne prétend à aucune conquéte pour son compte. Elle sera très-certainement soutenue par tous les moyens des Bavarois, bons soldats, qui détestent la puissance autrichienne et qui ne redoutent rien tant que de tomber sous son pouvoir.

Au moyen d'une prompte invasion en Bavière, combinée avec celle du roi de Prusse en Bohême, l'armée Bavaro-Française tàchera de se porter avec rapidité le long du Danube et jusqu'au cœur de l'Autriche, pendant qu'une forte division se dirigera vers le Tyrol.

Il conviendra mieux de prendre cette route et ces positions, que de se porter en Bohême par la Basse-Bavière, afin de nécessiter une plus grande divergence aux armées autrichiennes. D'ailleurs, l'objet essentiel des alliés devant être de tâcher de démembrer les états de la maison d'Autriche, il faudra que le principal point de vue soit de lui enlever le Tyrol, pour le joindre à la Bavière, à qui il a originairement appartenu.

Si ce grand événement peut avoir lieu, comme il est plus que probable, la puissance de la maison palatine deviendra assez considérable pour se faire respecter par la maison d'Autriche, et sur-tout si elle y joint les ressources fédératives pour lesquelles il sera de l'intérêt de beaucoup d'autres puissances, et notamment de la France, de se lier.

En effet, au Palatinat, à la Bavière, aux autres possessions de la maison palatine, joignez la partie du Brisgau, qu'on enlevera à la maison d'Autriche; le Tyrol; les échanges qu'on pourra faire avec le roi de Prusse pour les margraviats d'Anspach et de Bareuth, et vous verrez tout-à-coup une grande puissance qui contiendra à l'Ouest la maison d'Autriche, comme la Prusse la contiendra au Nord.

Il est impossible que, dans ce grand conflit, les évêchés de Passau, de Salsbourg et même celui de Brixen, ne soient occupés et froissés. Il y a lieu de croire que, si la maison palatine réussit, ces petits états lui resteront avec les modifications que les circonstances exigeront relativement au Corps germanique.

Comme les noms font beaucoup aux choses et en imposent chez certains peuples, si ce projet réussit il pourra être à propos d'autoriser les souverains de la maison Palatine à prendre le titre de roi de Bavière. (1)

____

(1) Dans le temps de la plus grande prospérité de

En enlevant le Tyrol à la maison d'Autriche, nous lui ôtons un des moyens de venir troubler les républiques que l'on travaille à établir, sur ses débris, en Italie.

J'aurois pensé qu'un autre arrangement politique auroit plus efficacement contribué, pour la France et pour la paix de l'Europe, à contenir la maison d'Autriche, dans ces contrées, d'une manière plus ferme, plus stable que ne pourront le faire diverses républiques. Foibles par elles-mêmes, elles ne pourront, en aucun cas, acquérir l'union de force et de volonté nécessaires pour résister à une puissance comme celle de la maison d'Autriche, et encore moins à former un poids redoutable dans les attaques qu'on sera dans le cas de lui faire.

Cet autre arrangement politique eût été de donner au roi de Sardaigne le Milanez et la Lombardie autrichienne. On connoît depuis long-temps le vœu de cette maison pour ces belles provinces ; les prétentions qu'elle a souvent fait valoir.

On sent qu'une puissance comme celle de la mai-

---

la république romaine, à l'époque où vivoient les plus grands hommes dont le nom orne et augmente la liste des vrais amateurs de la liberté, on voyoit le peuple romain disposer des couronnes, donner ou même créer des royaumes, lorsque leur existence et leur contre-poids pouvoient être utiles à la république.

On voit la même chose dans l'histoire d'Athênes, de Sparte et des autres républiques de la Grèce.

son de Piémont , angmentée par les provinces du Milanez et de la Lombardie ; forte de sa position ; mue par une seule volonté ; excitée par le puissant motif de sa conservation ; soutenue par le secours de la France ; auroit été bien plus redoutable pour la maison d'Autriche , que ne le seront de long-temps , que ne pourront jamais l'être les mêmes contrées divisées en républiques ou même réunies en une seule.

Peut-on espérer que ces républiques conserveront entre elles, l'union nécessaire pour s'opposer aux efforts cachés et découverts que la maison d'Autriche ne cessera de faire pour rentrer dans des possessions qui lui tiennent tant à cœur ?

Il ne faut pas se dissimuler que dans une aussi grande révolution que celle qui s'est opérée tout-à-coup en Italie , les esprits ne pourront parvenir de long-temps à cette réunion d'opinion qui seule produit la réunion des moyens. Le cabinet de Vienne connoît trop ses intérêts pour ne pas profiter de cette circonstance : il saura bien entretenir cette division : il n'en aura que trop les moyens par les partisans qu'un gouvernement, dispensateur des places et des richesses , conserve toujours et sait faire mouvoir au premier moment qu'il trouve favorable.

La cour de Vienne sera mue par une seule volonté ; elle fera concourir tous ses moyens vers un même but : il me paroît qu'elle auroit eu moins de chances pour réussir , lorsqu'elle auroit trouvé une seule volonté, une seule nécessité d'opposition; le concours de tous les moyens de résistance présentés par un seul intérêt très-puissant.

On voudra bien observer que je ne considère ici les changemens politiques arrivés en Italie , que sous le seul rapport des intérêts de la France , que sous le seul point de vue de l'abaissement de la maison d'Autriche ; que d'après le plan que je formois de la concentration de ses forces à ses grandes et belles provinces à l'Est de l'Europe. On voit que par ce plan , je l'environnois au Nord , à l'Ouest , au Midi de trois grandes puissances que leur intérêt seul auroit obligé à se tenir toujours en mesure contre les moyens, contre toutes les intrigues de la maison d'Autriche. On voit que , relativement à la France et même à la paix d'Europe , je voulois ôter à cette grande puissance les moyens d'influence qu'elle a eus depuis long-temps.

Les circonstances ont fait disposer de ces belles provinces d'une autre manière. Je souhaite qu'elle puisse parvenir au même but; mais je crains qu'on n'ait perdu une occasion qui ne se reproduira jamais.

L'immense projet que je présente n'est pas sans difficultés : il doit éprouver une grande résistance. Cette résistance sera occasionnée par tous les moyens de la maison d'Autriche et par ceux des alliés qu'elle pourra se procurer.

Quant à ses moyens , elle vient d'en donner la mesure dans la grande querelle qu'elle a suscitée , qu'elle a soutenue contre la France. Ses armées ont été détruites, elles ne peuvent être renouvelées que par des recrues découragées : Elle ne peut même se procurer ces recrues que par l'épuisement de sa population, dans des contrées qu'on sait n'avoir pas une population relative à l'étendue ni à la fertilité du sol. La guerre qu'elle a soutenu contre le Turc, et tout à coup celle qu'elle a fait à la France, d'une manière si désastreuse, la laisseront dans un épuisement que plusieurs années ne répareront pas.

Quant à ses moyens pécuniaires, ils sont encore dans un plus mauvais état. On connoît la dette publique sous laquelle les états de la maison d'Autriche sont prêts à succomber. Cette dette s'est accrue d'une manière hors de toute mesure pendant la guerre contre la république française : au point même que l'Empereur a eu recours à des moyens qui ne peuvent se renouveler aisément. L'amour, ou pour mieux dire l'habitude d'une partie de ses peuples, pourront l'aider dans ses premiers efforts; mais ils ne pourront être considérables ni soutenus. Il est un point d'épuisement au delà duquel tous les efforts sont impossibles, et les Etats héréditaires de la maison d'Autriche sont parvenus à ce point.

Mais, dira-t-on , les événemens que vous pré-

sagez ne sont pas prêts à arriver , et dans cet in-
tervalle , la maison d'Autriche aura le temps de réparer ses forces et d'être aussi préparée à vous re-
pousser que vous pourrez l'être à l'attaquer.

Je crois pouvoir répondre que la succession éventuelle de la Bavière sera naturellement si rapprochée
du moment auquel je trace ce projet, qu'il sera impossible que l'Empereur puisse s'être mis en état de
réparer son délabrement.

Quant aux finances , elles ne peuvent qu'em-
pirer , car tout pays qui n'a pas une population ,
une agriculture , une industrie , un commerce relatifs à son sol , ne peut guères réparer son dérangement pécuniaire. Les grosses dépenses de gouvernement ; l'entretien d'une force militaire considérable ; le faste connu de la cour de Vienne (1) ,
absorbent au delà de ses revenus ordinaires : il lui
faut mettre des impôts et user de moyens extraordinaires pour payer les intérêts de sa dette publique ,
et cela même ne suffit pas , car il y a toujours de
grands arrérages dans le paiement de ces intérêts.

Quant à ses armées , comme , quelques efforts

---

(1) Quoique le faste de cette cour ait été beaucoup diminué depuis la guerre de la coalition contre
la république française , il s'en est assez conservé
pour occasionner des dépenses trop fortes pour la
pénurie des finances de l'Autriche.

qu'on fasse, elles sont subordonnées à la population, et comme la population des états héréditaires de la maison d'Autriche n'est en aucune proportion avec leur étendue, le temps qui pourra s'écouler avant que l'attaque générale proposée puisse avoir lieu, ne donne pas à penser que la reproduction de l'espèce humaine puisse réparer les pertes de l'Empereur ni lui permettre de recruter ses armées au nombre qu'il faudroit.

Il pourra avoir recours à la levée en masse, dont la France a donné l'exemple. Mais il faut nourrir, vêtir, armer toute cette masse, et l'Autriche n'en a pas les moyens. Voudroit-on avoir recours aux voies extraordinaires que la France a employées; mais qu'on se rappelle qu'elles ont été révolutionnaires : c'est tout dire. Il y auroit trop de danger pour la maison d'Autriche, à les mettre en pratique sur ses divers peuples au moment auquel elle leur mettroit en main les moyens de résistance. L'esprit, le gouvernement, les droits des divers peuples soumis à la domination de la maison d'Autriche, ne sont pas homogênes comme en France, s'il m'est permis de me servir de cette expression. Les divers états qui forment les possessions de cette maison, ont chacun des droits, des priviléges, des usages particuliers pour la conservation desquels ils ont souvent pris les armes. Ce seroit un moyen bien dangereux de leur faire des réquisitions, de les pousser à bout au moment même où on leur feroit connoître leurs forces et le besoin qu'on auroit d'eux. Ce seroit un beau champ pour l'esprit révolutionnaire ; et qui peut prévoir où il s'arrêteroit !

D'après ces considérations je suis autorisé à penser que, par ses seuls moyens, la maison d'Autriche ne pourroit présenter une résistance insurmontable.

Cette résistance pourra devenir formidable par les alliés que l'Autriche aura su se procurer. A cela je crois pouvoir répondre que comme la guerre qu'on lui fera ne grevera les intérêts d'aucune autre puissance, il n'y a pas lieu de penser qu'il y en ait beaucoup qui veuillent s'exposer à des suites aussi terribles pour le seul intérêt de la maison d'Autriche.

Quant à la confédération germanique, il n'y aura pas de raison pour considérer ce conflit comme une guerre d'empire, les parties coalisées ayant le soin d'annoncer hautement, que ne prenant les armes que pour maintenir l'intégralité de la succession de la Bavière, leur intention n'est pas de porter atteinte aux lois et aux droits de la confédération.

Il est une considération essentielle dont la politique moderne doit s'occuper : c'est qu'il est évident que pour tout ce qui ne touche pas les lois constitutives du corps germanique, il s'est formé une diversité d'opinion bien marquée entre les princes et états du Nord et ceux du Midi de l'Allemagne. Leurs intérêts, leurs vues ne sont pas les mêmes : la religion de plusieurs est une cause sensible de cette différence. Mais elle résulte plus essentiellement de leurs positions topographiques. Les états des Princes du Midi sont enclavés parmi les immenses possessions de la maison d'Autriche : cela les met plus immédiatement sous sa dépendance ; au point même, que la plus grande partie de ces Princes s'est mise au service de la cour de Vienne. Il en résulte un besoin, une crainte, une influence qui n'ont pas lieu chez les princes du Nord de l'Allemagne. J'oserois même prévoir que ce concours de circonstances sera quelque jour la cause d'une grande scission dans la confédération germanique.

Je suis donc fondé à penser, que si le grand choc que je propose avoit lieu, les princes du Nord de l'Allemagne n'y prendroient aucune part, et que la plus grande partie de ceux du Midi et du centre, considérant leurs vrais intérêts, se convaincroient d'une vérité qu'ils ont trop peu sentie jusqu'ici : c'est que leur liberté, même leur existence politique, exigent que la maison d'Autriche ne monte pas à un plus haut point de puissance. Sous cet aspect même, il ne peut qu'être infiniment avantageux pour le corps germanique, de voir former parmi ses membres une puissance en état de contre-balancer le pouvoir de la maison d'Autriche.

Si des intrigues, si des mauvaises vues, si des jalousies engageoient quelques princes à épouser la querelle de la cour de Vienne, il en seroit d'autres qui prendroient le parti du roi de Prusse.

Mais n'y en eût-il absolument point ; tout le corps

germanique prenant les armes pour l'Autriche , ce qui n'est pas vraisemblable , la ligue n'en seroit pas beaucoup plus redoutable ; car , indépendamment de l'état d'épuisement dans lequel la guerre contre la république française a mis tous les princes et états qui y ont pris part ou dont le territoire a servi de théâtre à cette guerre , on connoît la lenteur de cette masse hétérogène ; on connoît sa manière de servir , et on peut lui adopter , avec plus forte raison , les observations que j'ai faites ci-dessus sur l'état des finances de la maison d'Autriche.

Cependant il ne faut pas se dissimuler les sentimens de jalousie de plusieurs princes de l'Allemagne contre les rois de Prusse , jadis leurs égaux en rang et en puissance. Plusieurs d'entr'eux n'ont pas la philoso-phie de voir d'un œil tranquille la grandeur , la prépondérance que la Prusse s'est acquises. Ces sen-timens sont connus du cabinet de Vienne ; il ne manque jamais l'occasion de les fomenter. C'est ce que le ca-binet de Berlin doit prévoir et sur quoi il doit se pré-munir.

Le plus considérable de ces princes seroit l'élec-teur de Saxe : il pourroit vouloir se séunir à l'Autriche et s'opposer à l'invasion de la Bohême. Mais on con-noît ses dettes , son épuisement pécuniaire. On sait apprécier ses forces ou pour mieux dire sa foi-blesse. Or , ou il ne seroit pas redoutable , ou on le feroit coopérer lui-même au plan des alliés, par l'es-poir de lui procurer quelque partie du terrain conquis qui seroit à sa convenance et qu'on sait que cette maison convoite depuis long-temps. Si on ne pouvoit ramener ce prince par ces considérations, son électorat est ouvert de toutes parts et l'exemple de ce que fit le grand Frédéric est récent.

On pourroit présumer que la Russie viendroit au secours de la maison d'Autriche. Mais Paul annonce un caractère trop sage, un plan trop réfléchi pour ne pas considérer que ses intérêts ne peuvent être compromis par les modifications qu'on veut porter à la puissance de la maison d'Autriche : pour ne pas voir même que la nouvelle balance des pouvoirs, que ces changemens politiques contribueroient à établir, seroit à l'avantage de la puissance de la Russie.

Malgré le règne brillant de Catherine II, on ne peut se dissimuler qu'il n'y ait beaucoup à réparer, à former, à établir en Russie, dans presque toutes les parties de l'administration. Cette puissance, colossale par son étendue, n'est pas appuyée sur les bases de la population, de l'agriculture, de l'industrie, du commerce qui sont les fondemens solides de la prospérité des états. Catherine avec un grand caractère, avec des vues très-élevées, a toujours été dominée par trop d'ambition : pour l'exécution des vastes projets qu'elle avoit formés et suivis, elle a été obligée d'entretenir un état militaire, de faire des dépenses qui ne lui ont pas permis de s'occuper assez assiduement de la prospérité intérieure des peuples soumis à son gouvernement. Elle laisse à son successeur cette belle tâche à remplir. S'il veut s'en occuper, comme jusqu'ici tout l'annonce, il sera bientôt convaincu que dans l'immense étendue de ses états; que dans la position économique, pécuniaire et politique où il les trouve, il aura plus de gloire, plus de grandeur, plus de vraie puissance â acquérir par la sagesse de son administration intérieure que par les guerres, ou même par les conquêtes que pourroit lui procurer son intervention dans des démélés qui lui seroient étrangers.

D'ailleurs, obligé de s'occuper de son administration intérieure, Paul devra s'estimer heureux de voir que ses plus puissans voisins soient occupés à établir une balance de pouvoirs qui sera un gage de paix et de tranquillité pour ses états. Par leurs limites, il y aura infiniment plus de points de contact avec les possessions de la maison d'Autriche qu'avec celles de la Prusse. Or, plus la puissance avec laquelle la Russie pourra être dans le cas de quereller, sera tenue en respect par une puissance égale et rivale, moins elle sera exposée à voir troubler le bon voisinage; et s'il y a lieu à différens qui puissent compromettre ou intéresser la Russie, les souverains Russes seront roujours assurés de faire pencher la balance du côté où ils voudront se mettre. Il leur faudra employer peu de moyens, peu d'efforts pour y parvenir : au lieu qu'il leur faudroit de grands moyens, l'emploi de grandes forces pour produire les mêmes effets en faveur d'une puissance moins forte contre une plus puissante. D'où l'on doit conclure que plus la balance sera égale entre la puissance de la Prusse et celle de l'Autriche, moins la Russie aura à craindre d'elles. Ces considérations n'échapperoient au cabinet de Pétesbourg, et m'autorisent à penser que la Russie ne prendroit aucune part à une guerre qui ne concerneroit que la maison d'Autriche.

D'après le traité dernièrement conclu entre l'Autriche, la Russie et l'Angleterre, on ne pourroit croire que cette dernière puissance prendroit fait et cause pour l'Autriche. Il faudroit avoir peu de connoissance de l'esprit du cabinet de Londres pour entretenir cette idée. En vrais négocians, les Anglois et sur-tout le parlement diroient : *Qu'y a-t-il à gagner ?* On peut répondre affirmativement, *rien pour l'Angleterre*. Elle ne portera pas ses forces en Bohême, dans le Tyrol ; elle n'aura point d'îles à conquérir, point de commerce à envahir ; dès-lors on peut compter sur une guerre d'intrigues de la part des Anglais : ils ne donneroient pas même de l'argent ; ce seroit en pure perte pour eux. Qu'on n'arguë pas de ce qu'ils feroient par ce qu'ils ont fait pendant la guerre de la coalition contre la république française, les positions ne seroient pas les mêmes ; c'est avec l'argent répandu en Allemagne et en Piémont qu'ils ont envahi les îles françaises des Antilles, les possessions hollandaises ; qu'ils ont accaparé le commerce maritime presque du monde entier : les sommes qu'ils pourroient donner à la maison d'Autriche, dans une cause qui lui seroit particulière, ne seroient pas placées à un intérêt assez avantageux pour une nation commerçante.

D'après ces considérations, je suis fondé à penser que, dans le cas des attaques que je propose, l'Autriche se verroit réduite à peu près à ses propres forces.

Les plus grands obstacles seroient dans l'esprit et les mœurs des personnes qui devroient remplir les principaux rôles dans ces grands événemens, et c'est ce qui mérite d'être discuté.

Quant au roi de Prusse et à la cour de Berlin, on devroit s'attendre à la réunion de toutes les volontés, au développement de toutes les forces. C'est de leur plus grand intérêt. Ils devroient toujours avoir en vue ces paroles d'un général français républicain à ses soldats : *Camarades*, leur dit-il, en montrant l'ennemi, *voyez-vous ces gens-là, ils nous tueront si nous ne les tuons*. L'application de ce mot devroit me dispenser de toute autre observation. Cependant c'est avec le plus grand étonnement que les vrais politiques ont vu le roi de Prusse laisser échapper des occasions qui ne se présenteront peut-être jamais ; en pareilles circonstances, le cabinet de Vienne auroit bien su les saisir.

Depuis la paix particulière que le roi de Prusse fit avec la république française, il n'a pu se faire illusion sur les sentimens d'aliénation de la cour de

Vienne

Vienne contre lui. Ces sentimens se sont constamment manifestés avec une aigreur toujours croissante:
ils sont parvenus à un point qu'il paroît impossible
qu'ils ne mènent à une rupture ouverte entre ces
deux puissances. Le grand Frédéric ne s'y seroit pas
trompé ; il ne se seroit pas laissé prévenir. On ne
conçoit pas comment le cabinet de Berlin a pu ne
pas saisir les momens auxquels les armées françaises,
sous Jourdan et sous Moreau, étoient déjà parvenues
aux portes de la Bohême et de l'Autriche, et celle
de Buonaparte avoit conquis toute la Lombardie ;
ou, ce moment manqué, comment on n'a pas profité
de celui auquel Buonaparte étoit aux portes de
Vienne, tandis que les armées de Moreau et de
Hoche passoient le Rhin. C'est alors que le roi de
Prusse auroit eu plus de chances pour acquérir la
Bohême que son oncle n'en auroit eu par le gain
de la bataille de Collins. Toute l'Allemagne étoit en
armes fuyant devant les armées françaises : Catherine venoit de mourir. Il y a lieu de croire que les
armées Prussiennes n'eussent trouvé aucune résistance ni de la part de l'empereur ni de celle de ses
alliés.

Quant au duc de Deux-Ponts, il ne s'est point
encore assez fait connoître pour qu'on puisse juger
son caractère et présumer ce qu'on pourra attendre
de lui. Si le rôle tranquille et réservé qu'il a joué
jusqu'ici est un effet de prudence et de raisonne-
ment, c'est de bon augure ; mais s'il est du caractè-

qui, par malheur, a distingué depuis plusieurs générations les princes de la maison palatine, il sera lui-même un des plus grands obstacles à la réussite de ce qu'il est de l'intérêt de plusieurs puissances de faire pour lui.

On aura à surmonter deux grands obstacles chez les peuples Palatins et Bavarois; les dettes immenses que l'inéptie et le fanatisme des princes ont fait contracter : l'ignorance et la superstition la plus crasse de la part des peuples.

Il ne faudra point compter sur les ressources pécuniaires de la maison Palatine ; la Bavière et le Palatinat sont courbés sous le fardeau d'une dette immense et qui s'accroît chaque jour par les arrérages. Le pays ne présente aucune ressource en Bavière : les belles parties du palatinat ont tant souffert et si souvent ; elles viennent d'être tellement froissées pendant la guerre de la coalition contre la France, qu'elles ne pourront soutenir le moindre fardeau de plus.

L'état militaire est nul dans les deux Electorats ; c'est à un point de dénuement dont on ne peut se former une idée précise.

Les prêtres catholiques romains joueront un grand rôle dans ces discussions. On sait que depuis la réformation, ils n'ont de prédilection que pour la maison d'Autriche qui est le grand soutien des préjugés qui font leur richesse et leur crédit ; les Bavarois sont d'une ignorance, d'une crédulité, d'une

soumission aux prêtres dont on a peine à se former
une idée.

On doit s'attendre en Bohême, comme en Bavière et dans le Tyrol, à la résistance la plus opi-
niâtre de la part des prêtres. Cette résistance sera
d'autant plus difficile à surmonter que l'action n'en
sera pas visible ; les effets s'en opéreront en silence
et par les moyens que les gens d'église savent bien
employer au nom d'une religion qui leur procure
un empire absolu sur les foibles et sur les ignorans.

La conduite à tenir relativement à cet obstacle devra
être sage, bien méditée ; il faudra que le prince se
plie à tout ce qui sera compatible avec sa dignité
et ses intérêts. C'est le seul principe à poser : le reste
dépendra des circonstances ; il n'en sera pas une qui
ne mérite une sérieuse réflexion.

Aussi je considère l'esprit des princes de la maison
Palatine, le fanatisme des prêtres, l'ignorance des
peuples, le vide précuniaire, le manque absolu de
tout ce qui tient au militaire, chez les Palatins et
les Bavarois, comme les seuls mais très-grands obstacles au projet d'abaissement de la maison d'Autriche en Allemagne. Ce sont des objets que les
alliés devront prendre en mûre considération.

Il se rencontrera un autre obstacle, et sur-tout en
Bohême, de la part de la haute noblesse. On connoît son influence dans ces contrées où les peuples
sont encore dans la servitude. Le faste des grands
seigneurs les met sous la dépendance de qui sait

E 2

ou peut relever leur orgueil et leur procurer les moyens de le soutenir. C'est ce qui fait que tous, même des princes souverains, se sont mis au service et sous la dépendance de la cour de Vienne. On ne doit pas s'attendre à beaucoup de bonne volonté de leur part ; leur servitude même impose à leur vanité le devoir de soutenir ce qu'ils ont pratiqué jusqu'ici, ce qui flatte leur gloriole, ce qui les met en état de soutenir leur faste. La conduite de Frédéric II, relativement à la haute noblesse de la Silésie, pourra servir de donnée au roi de Prusse, pour celle qu'il aura à tenir, si le succès couronne ses entreprises.

J'ai dû présenter les moyens de facilité et les obstacles qu'un si vaste plan pourroit rencontrer : il me reste à examiner deux points essentiels pour un bon Français, passionné pour la prospérité et pour la gloire de sa patrie.

1°. Quels avantages la nation française pourroit-elle retirer du grand conflit que je propose ?

2°. N'y auroit-il pas à craindre de substituer d'autres ennemis puissans à celui que nous voulons abattre ?

Je vais discuter séparément chacun de ces points de vue.

L'histoire et l'expérience nous apprennent que depuis l'expulsion des Anglais du territoire français, a paix de la France n'a été troublée que par le fait des princes de la maison d'Autriche. Les preuves de la malveillance de cette famille, pour tout ce qui porte le nom français, sont si multipliées, sont tellement consignées dans toutes les pages de l'histoire moderne que je suis dispensé de les déduire.

Les princes de la maison d'Autriche peuvent être considérés sous deux rapports, relativement à la France. Comme souverains de grands et puissans Etats héréditaires et comme chefs du corps Germanique, par la qualité d'Empereur qu'ils ont presque rendue héréditaire dans leur famille ; c'est sous ces deux rapports que nous devons nous en occuper.

Comme souverains de grands et puissans états héréditaires, il est évident que, si la France peut parvenir à n'avoir plus de points de contact avec les possessions de cette maison, elle évitera presque toute cause de guerre nouvelle, toute fomentation de troubles intérieurs.

Par la cession de la Belgique, il ne reste plus qu'une petite portion du Brisgau pour point de contact entre la France et les possessions de la maison d'Autriche : ce point même est séparé par le Rhin de manière à ne pouvoir être sujet de querelle. Malgré cela il seroit infiniment avantageux pour la France que la maison d'Autriche ne pût avoir ce point de rassemblement qui pourroit devenir un noyau inquiétant pour le gouvernement français.

Ce qui vient de se passer depuis le premier rassemblement armé des mécontens français à Coblentz;

depuis qne l'empereur se permit de disposer presque de la France par le traité de Pilnitz, exige une attention particulière de la part du gouvernement français. Les nations ne doivent pas se laisser entraîner par l'esprit de vengeance, mais elles doivent tout tenter pour se délivrer de toute cause de troubles et d'inquiétudes.

Or, sous ce point de vue, la France ne sauroit trop faire pour affoiblir et pour éloigner de ses frontières la puissance d'une maison qui n'a jamais cessé de donner des preuves de sa malveillance.

Ce que la France auroit dû faire comme monarchie, devient encore plus indispensable pour l'affermissement et pour la prospérité de la république : car il est certain que la république française ne pourra jouir d'une tranquillité parfaite tant que les états de la maison d'Autriche serviront de réfuge aux mécontens, tant que les princes de cette maison seront à portée de les rassembler, de leur prêter leur appui. Du moins si on ne peut empêcher la cour de Vienne d'accueillir les transfuges français, faisons en sorte que ce soit dans des positions si éloignées, qu'elle ne puisse avoir l'occasion de se servir d'eux à tout moment pour troubler la tranquillité de la république.

En qualité d'Empereur, le chef de la maison d'Autriche a de grands moyens pour troubler la paix de la France. Les intérêts du Corps germanique ont été pendant long-temps liés avec ceux de la France, et ont souvent été cause de guerre avec les princes de cette maison, accoutumés à être regardés comme chefs de l'Empire ; ils ont trop souvent usé et même abusé de cette influence pour troubler ce corps et le mettre en mouvement. C'est encore en cette qualité et sous ce prétexte qu'ils ont rallié contre la France, non-seulement tout le Corps germanique, mais même presque toutes les puissances de l'Europe coalisées par leurs intrigues et presque pour leurs intérêts.

Pendant que cette maison étoit la seule puissante en Allemagne, elle inspiroit la crainte à tous les princes et états qui, n'ayant aucun moyen de résistance par aucun d'eux, avoient recours à la France comme à leur seul appui. La France ayant une infinité de points de contact avec les possessions de cette maison, devoit présenter tous les obstacles qu'elle pouvoit à son ambition ; de-là les nombreuses guerres dont l'histoire fait mention.

Enfin, la limite des droits et les moyens coercitifs furent établis par le traité de Westphalie. Ce traité procura une garantie intérieure aux divers états de l'Empire ; mais cette garantie n'a pas toujours été suffisante contre les intrigues soutenues par la force de la maison d'Autriche; elle n'a acquis un degré de considération imposant que depuis que la force des choses a fait élever, en Allemagne et chez un des princes de l'Empire, une puissance en état de contrebalancer les forces et l'influence de la maison d'Autriche. Nous avons vu en 1778, l'effet de la force et de l'influence de la Prusse. Mais cet effet n'auroit pas été suffisant, sans le genie rare du grand Frédéric. Il est de l'intérêt de toute l'Europe, et plus particulièrement de la France, de procurer à la Prusse une force suffisante pour en imposer à l'ambition de la cour de Vienne, et telle qu'elle soit indépendante de l'esprit ou du caractère des rois de Prusse.

Un des moyens des plus efficaces pour parvenir à ce but, seroit d'enlever à la maison d'Autriche l'hérédité de la couronne impériale. Cette dignité ne s'est presque rendue héréditaire dans cette maison que par l'influence que lui donnent sa puissance et ses grandes possessions au centre de l'Allemagne. Or en lui arrachant ces possessions, en la reléguant à l'est de l'Allemagne, on lui enlève cette prépondérance et la dignité impériale qui en résultent. Et, quant au système général de la confédération germanique et même de l'Europe, il resteroit encore assez de forces à la maison d'Autriche, non seulement pour être une grande puissance du premier ordre, mais même pour avoir dans l'Empire un droit et un pouvoir qui la rendroient utile au maintien et à la marche du corps germanique. Au moyen de cette balance de pouvoir, la France se trouveroit dans l'heureuse position de n'avoir rien à démêler ni avec l'Empire ni avec aucun de ses membres.

D'où l'on voit les avantages que la république française pourroit retirer du grand conflit que les circonstances peuvent amener.

Ces considérations sont assez puissantes par elles-mêmes, pour engager le gouvernement de la république française à faire tous ses efforts pour éloigner tout ce qui peut la mettre en discussion avec la cour de Vienne.

Mais voudroit-on y joindre quelque idée d'acquisition, d'arrondissement de territoire, il ne pourroit se présenter une plus belle occasion de le faire avec l'assentiment des peuples.

On n'auroit rien à demander à la Prusse, en faveur de laquelle la France ne feroit qu'une diversion ; elle en seroit assez indemnisée par le frein immédiat et perpétuel que la Prusse, devenue assez puissante, présenteroit à l'ambition de la maison d'Autriche.

Si on parvenoit à donner le Brisgau autrichien, le Tyrol, et le titre de roi de Bavière à un prince de la maison palatine, on pourroit obtenir, à titre d'indemnité ou d'échange, la partie du palatinat située sur la rive gauche du Rhin. On sent combien cette partie conviendroit à la France, et par l'arrondissement de territoire autour de Landau et par les excellentes positions militaires dont il convient d'empêcher nos ennemis de profiter.

Mais, n'y auroit-il pas à craindre de substituer

d'autres ennemis puissans à celui que l'on voudroit abattre ou éloigner? Telle est la seconde question qu'il convient de discuter.

Les positions topographiques servent ici d'une réponse presque péremptoire à cette question.

Dans le cas de l'hypothèse politique que je propose, non-seulement nous n'aurons presque aucun point de contact avec les puissances qui pourront s'élever sur les débris de la maison d'Autriche, mais même il y aura presque par-tout des intermédiaires considérables et peu puissans par eux-mêmes entre elle et la France.

Les possessions de la Prusse, situées sur la rive gauche du Rhin, sont séparées de la France, même dans ses nouvelles limites, par les électorats de Trèves et de Cologne et par le duché de Juliers. Les électeurs ecclésiastiques seront toujours trop foibles, trop attachés à leurs jouissances personnelles et usufruitières pour chercher à quereller contre une aussi grande puissance que la France. L'électeur Palatin, devenu roi de Bavière, aura trop besoin de la France pour penser qu'il puisse jamais faire, contre elle, un point d'attaque de son duché de Juliers, qui, d'ailleurs est si facile à envahir.

Donc, si par une *impolitique* dont on n'a que trop d'exemples, la Prusse se mettoit dans le cas d'être en guerre contre la France, il seroit avantageux pour la nation française d'avoir des points intermédiaires qui deviendroient le premier théâtre de la guerre. Car on sait que deux grandes puissances parvenues au point de mésintelligence qui les fait armer l'une contre l'autre, commencent à garnir leurs frontières, à se mettre en état de défense. Les premières attaques, les premiers désastres qui en résultent se font respectivement sur les deux territoires limitrophes ; au lieu que s'il y a un intermédiaire, il devient sur-le-champ le théâtre de la guerre pour la nation la plus active, et l'expérience nous apprend, qu'en pareil cas, les armées françaises ne se laissent jamais prévenir. D'où il résulte que les possessions des princes de la confédération germanique, situées sur la rive gauche du Rhin, sont comme les avant-postes du territoire français.

Le centre des possessions et des forces de la monarchie Prussienne sera si éloigné des limites de la France, qu'il n'y aura pas lieu de croire que cette puissance recherche les occasions d'entrer en guerre contre les Français ; mais les accidens, mais les replis de la politique moderne sont tels que l'on peut voir les souverains agir contre leurs vrais intérêts. Le roi de Prusse vient d'en donner une preuve par la part qu'il a prise dans la coalition contre la France. Dans ce cas, il ne pourroit faire une irruption subite sur le territoire français ; car avant que ses forces, partant d'un point central si éloigné, eussent pu parvenir sur les frontières, les armées françaises se seroient portées non seulement sur les contrées intermédiaires, mais même dans son propre pays.

La France aura d'autant plus d'avantage pour cette activité, que désormais elle n'aura presque que cette frontière sur laquelle elle aura à entretenir des forces respectables, qui la mettront constamment en état d'agir offensivement.

Il ne faut cependant pas se dissimuler que la puissance et les liaisons de la Prusse peuvent devenir telles qu'elles seroient d'une grande conséquence pour la France, et sur-tout relativement aux moyens que la Prusse aura toujours d'inquiéter la Hollande, par sa position et par ses liaisons avec la maison d'Orange. Elle peut devenir même le noyau d'une très-grande puissance en Allemagne, en fomentant et accélérant une scission que tout annonce devoir arriver entre les princes et états du Nord et ceux du Midi de l'Allemagne. Alors la Prusse pourroit acquérir un degré de force et de prépondérance qui deviendroit funeste aux états voisins et même à la France.

Mais dans ces hypothèses, qui sont les plus favorables pour la Prusse, la France aura toujours des moyens assurés, non-seulement pour contre-balancer, mais même pour rendre nuls tous les efforts de cette nouvelle puissance et même de la détruire.

On peut juger que si la maison d'Autriche n'a pu voir la perte de la Silésie d'un œil tranquille, son ressentiment acquéreroit une bien plus grande force si la Prusse parvenoit à lui enlever la Bohême en tout ou en partie. On peut compter même que

la cour de Vienne ne laisseroit échapper aucune occasion de témoigner son animosité , de satisfaire sa
vengeance. Il seroit toujours facile à la France d'entretenir, d'exciter ce ressentiment de la maison d'Autriche, de l'aider même , s'il y a lieu , dans les effets
qui en pourroient résulter. A quelque degré de puissance que la monarchie Prussienne puisse monter ,
elle ne pourra jamais contre-balancer celle de la
France et de l'Autriche réunies. Les circonstances
qui régnèrent pendant la guerre de sept ans , ne se
rencontreront vraisemblablement plus relativement à
la Prusse, et relativement à la France et à l'Autriche.

Nous pouvons faire les mêmes observations sur la
puissance à laquelle la maison d'Autriche pourra parvenir, soit par les concessions qu'on pourra lui faire,
soit par les améliorations dans ses immenses possessions à l'Est de l'Europe , soit par ses liaisons fédératives. On pourra toujours la tenir en échec par
la Prusse , par la Bavière , par des alliés parmi les
princes et états de l'Allemagne , et par le parti que la
France pourra prendre.

De sorte que, par sa position , que par celle de
ses voisins, la France deviendra le contre-poids
entre ces deux puissances rivales. Il faut espérer
que la sagesse de son administration intérieure deviendra telle que la considération seule de sa puissance, de ses ressources en imposera et main-
tiendra la paix, non-seulement en Allemagne , mais
même sur tout le continent de l'Europe.

Ainsi, quant à la Prusse, il n'y auroit aucun danger pour la France de la voir s'élever au plus haut point de puissance qu'elle puisse espérer. Si elle y parvient, elle aura assez a faire avec ses voisins immédiats.

La maison Palatine, élevée au rang et à la puissance du roi de Bavière, n'auroit qu'une très-petite partie de ses possessions sur la rive gauche du Rhin et là seulement il n'y auroit point d'intermédiaire entre elle et la France. Je pense que, par cette même raison, la France n'auroit rien à craindre d'un pays tout ouvert et dans lequel elle peut pénétrer comme dans ses propres provinces.

Le Rhin sépare le haut Palatinat de la France, de manière à rendre toute invasion subite impraticable, et d'autant plus que la partie de la France bordée par le Rhin, dans ce qui fait face au Palatinat, est une des plus fortifiées et par les places et par les positions.

D'ailleurs, cette partie du Palatinat, sur la rive droite du Rhin, ne présente aucune grande masse de territoire ; elle a peu de profondeur : elle se trouve coupée par les possessions de diverses princes de l'Empire. Le centre des forces et de l'action du chef de la maison Palatine devra être en Bavière. La France aura de ce côté une barrière insurmontable par la Suisse. Le Rhin est presque inabordable du côté de la France, dans toute la partie qui fait face au Brisgau.

Je pense donc que quant à la Bavière, quelque

degré de puissance que la maison Palatine puisse acquérir , non-seulement elle ne pourra présenter aucun danger pour la France , mais qu'elle aura toujours besoin de son appui et de sa protection.

Il faut considérer aussi que le roi de Prusse et l'électeur Palatin et de Bavière s'étant enrichis des dépouilles de la maison d'Autriche, ils seront perpétuellement l'objet de la haine de cette famille implacable : elle ne négligera aucune occasion de leur faire sentir le poids de son ressentiment, et ce sera un lien de plus pour tenir ces souverains attachés aux intérêts de la France : leur sûreté leur en imposera le devoir.

Je ne pense donc pas que la France soit dans le cas de craindre de substituer des ennemis puissans à celui qu'il est de son intérêt d'affoiblir et d'éloigner.

En résumant ce que j'ai dit des intérêts de la France relativement à la maison d'Autriche, je pense que la France, et plus encore le gouvernement républicain, n'ont pas d'ennemi plus invétéré, plus dangereux.

Qu'il est de l'intérêt éminent de la France non-seulement d'affoiblir la puissance de la maison d'Autriche, mais même d'employer toutes ses forces , tous ses moyens pour l'éloigner et la réduire à ses grandes possessions à l'Est de l'Europe.

Que, pour y parvenir, il faudra saisir le moment auquel, par la mort de l'électeur actuel palatin et de Bavière, la cour de Vienne voudra renouveler ses prétentions sur la succession de ce prince.

Qu'à cette époque il faudra combiner une attaque générale et simultanée en Bohême, par le roi de Prusse : en Autriche et dans le Tyrol, par le nouvel électeur Palatin et de Bavière.

Que le but de cette attaque générale doit être de déposséder la maison d'Autriche de la Bohême en faveur du roi de Prusse, et du Tyrol en faveur du duc des Deux-Ponts, héritier naturel de la maison Palatine.

Que la France, quoique ne devant prendre qu'une part secondaire dans ce grand conflit, devra s'y montrer activement et par l'emploi de toute la portion de ses forces qui sera nécessaire.

J'ai discuté les difficultés et les probabilités que l'exécution de ce plan pourroit rencontrer. Ayant démontré les avantages que la nation française pourroit retirer de ce nouveau système de politique, j'ai cru pouvoir présumer qu'elle n'auroit pas à craindre de substituer de nouveaux ennemis dangereux à celui qu'il est de son intérêt d'affoiblir et d'éloigner.

Je dois ajouter ici que lorsque j'ai parlé de quelque acquisition de territoire, de quelque agrandissement pour la France, je n'ai point eu en idée de proposer ces grands mouvemens par esprit de conquête. Je n'ai ouvert ce point de vue que pour ceux qui auroient pu penser que la France joueroit un rôle trop actif pour être gratuit : car, quant à moi, animé du désir, conduit par le seul motif de procurer un bonheur et une tranquillité stables à ma chère patrie, je déclare que je pense qu'elle seroit assez indemnisée par

le

le fait seul de l'affoiblissement et de l'éloignement d'une puissance jalouse et ambitieuse, et par l'établissement d'une nouvelle balance de pouvoirs en Allemagne, qui mettroit la France dans l'heureuse position de n'avoir plus aucune part à prendre dans les différens qui pourroient survenir entre les divers membres de la confédération germanique.

Je dois aussi faire connoître mes sentimens respectivement à tout ce que cet écrit contient pour l'affoiblissement et la destruction des ennemis naturels de la France. Loin de mon esprit toute idée de voir prolonger une guerre qui afflige autant tout ami de l'humanité! Loin de moi toute idée de nous y voir bientôt replongés! Je voudrois seulement que, dès ce moment, on pût mettre en pratique les moyens de rivaliser d'industrie et de commerce avec les Anglais, parce que ce seroit augmenter la prospérité de ma patrie, en diminuant les avantages d'une nation rivale, d'un gouvernement malveillant.

Pour tout ce qui est destruction par le fait de la guerre, puisse-t-il n'y avoir jamais lieu! Mais, si le malheur le veut, si les circonstances nous y entraînent, il faut bien se prémunir pour faire à nos ennemis tout le mal qu'ils pourroient nous faire, et en cela ce n'est que les prévenir.

Quant aux circonstances actuelles, relativement à l'Angleterre, j'espère que les négociations qui se font à Lille nous amèneront à une paix solide et durable. Mais s'il en étoit autrement, je pense qu'il conviendroit à la France de se laisser faire la guerre par l'Angleterre,

F.

et de se contenter de lui occasionner de très-grosses
dépenses, et par ses armemens de mer, et par ses
préparatifs de défense intérieure contre tous les projets de descente que la France préparera sur tous
les points, depuis Brest jusqu'à l'Escaut. Dans une
pareille position, l'Angleterre a plus à craindre. plus
à dépenser que la France. Ce sera peut-être un des
meilleurs moyens de chasser les Anglais des îles françaises aux Antilles : car, malgré les plus grands succès, dans ces climats destructeurs, il faut y envoyer
continuellement des renforts d'hommes et de ravitail-
lemens : en donnant à craindre à la nation anglaise
pour ses propres foyers, on l'oblige à concentrer
ses moyens pour la défense de la métropole ; on la
met dans l'impuissance d'envoyer les secours nécessaires pour conserver des conquêtes qui, par cela
seul, doivent leur échapper.

Quant au plan que j'ai développé contre la maison
d'Autriche, il faut le considérer comme moyens
éventuels qu'il faut combiner, laisser mûrir, mais
avoir toujours en vue, comme cette maison a toujours
en vue tout ce qui tient à son agrandissement. Caton
présageoit long-temps à l'avance la nécessité de la
destruction de Carthage, *delenda est Carthago*, pour
que le sénat romain n'en perdît pas l'occasion.

Thermidor an 5 de la République française, août
1797 (v. st.)

De l'Imprimerie de DESENNE, rue des Mou-
lins, No. 546.

9 782013 370363